Bergtouren rund um Filzmoos

Ein Wanderführer

Die Ausarbeitung der in diesem Führer beschriebenen Touren erfolgte nach bestem Wissen und Gewissen des Autors. Die Benutzung dieses Wanderführers geschieht auf eigene Gefahr. Eine Haftung für etwaige Unfälle und Schäden jeder Art wird nicht übernommen.

Allen, die meine Arbeit an diesem Wanderführer unterstützt haben, danke ich hiermit sehr herzlich.

Für Anregungen und Informationen über eventuelle Änderungen der Routen oder Markierungen bin ich sehr dankbar.

Dietzenbach, im April 2005 Horst Weiß

1. Auflage 2005

Rheindahlener Straße 78, 41189 Mönchengladbach
E-Mail: Info@gh-verlag.de
Internet: gh-verlag.de
bruno-groening.de

Gesamtherstellung: Offizin Andersen Nexö Leipzig, 04442 Zwenkau
Kartographie: KOMPASS-Verlag, A-6063 Rum bei Innsbruck
Titelphoto: Wolfgang Berger

ISBN 3-933344-29-8

BERGTOUREN
RUND UM FILZMOOS

Ein Wanderführer

Gesamtausgabe mit 52 Touren

Grete Häusler GmbH

Fünfzig ausgewählte Eintageswanderungen und
zwei 2-Tage-Wanderungen
mit Karte für die Autoanfahrt und KOMPASS-Wanderkarten.
Die Kartenausschnitte der Touren sind **nicht** maßstabsgerecht!

Die Kartenausschnitte stammen aus den KOMPASS-Wanderkarten
Nr. 20 „Dachstein - Südliches Salzkammergut 1:50 000"
Nr. 031 „Ramsau - Dachstein 1:25 000"
Nr. 31 „Radstadt - Schladming 1:50 000"
Nr. 68 „Ausseerland - Ennstal 1:50 000".

KOMPASS
NR.1 FÜR WANDERKARTEN

Vorwort

Lieber Wanderfreund,

Sie sind in die Berge gekommen mit dem Wunsch, hier die Natur zu erleben und sich dabei Kraft zu holen.

Ich durfte Bruno Gröning* erleben, als ich in meiner Heimat mit der Gondelbahn auf die Kanzelhöhe fuhr und wir weiterwanderten zum Gerlitzen bis zur Baumgrenze. Wie hat er voll Gottesehrfurcht die Schönheit dieser Bergwelt still in sich aufgenommen! Dabei ist eine Heiligkeit von ihm ausgegangen - herrlich. Ich spürte, er erlebt dies viel inniger als ich.

Das Gleiche war am Meer, in Mimizan unter dem großen Baum an dem Häuschen, wo er zu Gast war ebenso, wie er die Natur am Campingplatz, die Bäume, betrachtete! Wie er sich in innigster Liebe verband mit dem Wasser des Meeres oder mit den Bergen – es war, ohne ein Wort zu sprechen, ein Erlebnis, mit ihm zu sein.

Ich habe den Wunsch, dass, wer sich zu seinen Freunden zählt, durch ihn die innere Verbindung zur Natur geschenkt bekommt und dadurch erlebt, wer die Natur ist.

Ich wünsche Ihnen Ehrfurcht, Freude, Frohsinn und einen gestärkten Körper. Ein beglückendes Wandern und Bergsteigen.

Grete Häusler

*Durch Bruno Grönings (1906–1959) Wirken wurden zu seinen Lebzeiten und auch jetzt in seinem weltweiten Freundeskreis tausende Menschen geheilt. Der Grete Häusler GmbH-Verlag hat es sich zu seiner Aufgabe gemacht, der breiten Öffentlichkeit die Person Bruno Gröning nahe zu bringen

Inhalt

Touren im Bereich Aualm

Tour im Bereich Neuberg

Tour im Bereich Bachlalm

Touren im Bereich Vordere Ramsau

Tour im Bereich Hintere Ramsau

Touren im Bereich Lodenwalker

Touren im Bereich Stoderzinken

Touren im Bereich Gosauseen

Touren im Bereich Schladming / Niedere Tauern

Tour im Bereich Zauchensee

Zwei-Tage-Touren

Einleitung

Liebe Bergfreunde,

erleben Sie die herrliche Bergwelt und göttliche Natur rund um Filzmoos in Stille und Bedachtsamkeit nach dem Vorbild Bruno Grönings. Lassen Sie sich dabei vom Vorwort von Frau Häusler leiten. Dieses kleine Wanderbüchlein soll Ihnen dabei helfen, die Bergwanderwoche in Österreich noch intensiver erleben zu können. Berge. Traumhafte Schönheit mit eigenen Gesetzen. Im Hochgebirge ist der Mensch nicht nur von Schönheit, sondern auch von Gefahren umgeben. Nur wenn man sie erkennt und ihnen zu begegnen weiß, wird die Bergwelt immer ein schönes Erlebnis bleiben.

Auf den folgenden Seiten erhalten Sie Informationen über den Gebrauch dieses Büchleins, über die richtige Ausrüstung für Ein- und Zwei-Tage-Wanderungen und über das richtige Verhalten in einer Wandergruppe. Schon falsches Schuhwerk kann Ihnen und den für die Wanderung verantwortlichen Wanderführern die Freude an dem Naturerlebnis nehmen. Als Erstes muss den Benutzern dieses Buches klar sein: Es geht hier um Bergwandern und nicht um Bergsteigen.

Was ist Bergwandern?
Bergwandern ist nicht zu vergleichen mit einem Spaziergang an der Promenade eines Kurorts. Es gehört zu den sportlichen Betätigungen und sollte grundsätzlich ohne Selbstüberschätzung und Leistungszwang vorgenommen werden. Jeder Bergwanderer muss seine Grenzen kennen. Eine Person mit schwächerer körperlicher Verfassung darf keine Sechs-Stunden-Touren mitmachen, bei der steile Anstiege zu bewältigen sind. Dieser Wanderer kann kurze und leichte Touren unternehmen.

Ganz und gar unterscheidet sich Bergwandern vom Bergsteigen, das nur mit viel Erfahrung und einer entsprechenden Ausbildung in einer Bergsteiger-Schule ausgeübt werden darf. Dennoch kann ein geübter Bergwanderer problemlos einen gesicherten Klettersteig gehen. Er muss sich nur vorher über den Schwierigkeitsgrad der Tour informieren. Das macht man am besten im Urlaubsort bei der Touristeninformation, die einen dann bei Bedarf an einen Bergführer verweisen kann.

Der Maßstab in diesem Buch

Der Maßstab in unserem Tourenbuch ist ein einigermaßen trainierter Wanderer. Es wird nicht der Alpenvereins-Maßstab angelegt. Jeder muss sich im Innersten selbst befragen, wie er sich einstuft – aber bitte: eher niedriger als zu hoch. Was am ersten Tag noch nicht zu schaffen ist, kann am vierten oder fünften Tag ohne Probleme gehen. Der Trainingseffekt setzt sehr schnell ein.

Goldene Regeln für Bergwanderer

Kommt man aus dem Flachland, muss man sich an die veränderte Höhenlage und Bewegungsgewohnheiten anpassen. Deshalb ist es von Nutzen, mit leichteren Touren zu beginnen.

Zweckmäßige Kleidung und Ausrüstung ist für den Bergwanderer unerlässlich. Besonders wichtig ist festes Schuhwerk mit Profilsohle. Die Bergpfade sind steinig. Verstauchte Knöchel können den schönsten Urlaub verderben.

Um nachkommende Wanderer nicht zu gefährden, dürfen auf keinen Fall mutwillig Steine abgetreten werden. Falls es doch einmal passieren sollte, sind nachfolgende Wanderer durch Zuruf zu warnen.

Wer langsam, aber gleichmäßig, ohne viel zu reden, ansteigt, kommt am schnellsten vorwärts und hat am meisten von dem Naturerlebnis.

Andauerndes Reden stört die Mitmenschen, die an der Wanderung teilnehmen, um der Natur nah zu sein. Am Rastplatz kann (muss aber nicht) alles nachgeholt werden.

Man sollte immer ausreichend Proviant und vor allem Flüssigkeit mitnehmen. Dabei muss man sich vorher über Einkehrmöglichkeiten auf der Strecke informieren, die in diesem Buch bei jeder Tourenbeschreibung aufgelistet sind.

Touren mit Führer

Falls man eine von einem Wanderführer geleitete Tour unternimmt, sind einige Besonderheiten zu beachten. Alle Teilnehmer haben sich nach den Anweisungen des Tourleiters zu richten, da er den Weg und die benötigten Gehzeiten kennt. Auch wenn es bei einer Rast noch so schön ist: Wenn der Leiter zum Aufbruch bittet, haben alle zu folgen. Zurückbleiben, ohne dies dem Tourleiter mitzuteilen, ist nicht erlaubt.

Am Ende der Wanderung müssen alle, die am Morgen aufgebrochen sind, wieder am Parkplatz eintreffen. Wer zurückbleiben oder einen anderen Rückweg einschlagen will, muss sich beim Tourleiter abmelden und setzt die Tour auf eigene Verantwortung fort.

Ausrüstung

Gute und zweckmäßige Ausrüstung ist besonders wichtig.
Die Ausrüstung muss nicht teuer sein, nur zweckmäßig. Mode bringt einen keine Minute schneller zum Ziel.

Hosen

Ob Kniebundhose oder lange Hose ist Ansichtssache. Sogar in Jeans kann man in die Berge gehen. Für Wanderungen im Regen sind allerdings nur schnell trocknende und nicht saugende Materialien zu empfehlen (also doch eine richtige Berghose aus dem Spezial-Sportgeschäft).

Hemden

Berghemden aus Baumwollstoff oder Flanell haben sich bewährt, weil sie warm halten. Mischgewebe saugen die Schweißnässe nicht so auf. An warmen Tagen ist es empfehlenswert, zwei Hemden aus verschiedenen Materialien mitzunehmen und sich bei Bedarf umzuziehen (der Morgen kann kühl sein, nachmittags brütet eventuell die Sonne).

Unterwäsche

Wer einmal spezielle Sportunterhemden getragen hat, möchte sie auf keiner Tour mehr missen. Diese sind aus speziellen Materialien gefertigt, die auf der Haut trotz Schwitzen ein trockenes und angenehmes Gefühl belassen und die Feuchtigkeit nach außen abgeben. Die Erkältungsgefahr wird erheblich herabgesetzt (Marken: Helli Hansen, Odlo, Craft Mikroklimahemd, Löffler Transtex und andere – Sportgeschäfte kennen sich damit aus).

Pullover

Auch im Sommer kann es plötzlich empfindlich kühl werden. Dann ist man für einen Wollpullover dankbar (zwei dünne sind besser als ein dicker – nach der Zwiebelmethode - viele dünne Schichten übereinander).

Berganorak

Ein unbedingt notwendiges Kleidungsstück in den Bergen, das auch bei schönem Wetter in keinem Rucksack fehlen sollte. Das Material sollte winddicht, Wasser abweisend, aber nicht zu schwer sein (ob es ein Goretex-Anorak sein muss, sollte jeder selbst entscheiden).

Kopfbedeckungen

Ein „Tirolerhut“ schützt vor Sonne, Wind und Regen und sieht „zünftig“ aus. Eine Wollmütze eignet sich aber bei kaltem Wetter genauso gut.

Handschuhe

Wer sich schon einmal an einem Drahtseil festgehalten hat, weiß, wie leicht man sich an den feinen Drähten verletzen kann. Lederhandschuhe sind da ein sehr guter Schutz. Wollhandschuhe schützen eher vor Kälte, denn auch bei Kälteeinbruch im Sommer freut man sich über warme Finger.

Regenschutz

Der Regenschirm ist nach wie vor sehr zweckmäßig, wenn man die Hände nicht zum Festhalten braucht. Ansonst leisten Regenumhänge und Ponchos (aber bitte wasserdicht) wertvolle Hilfe.

Bergschuhe

Der Bergschuh ist das wichtigste Ausrüstungsteil. Er sollte folgende Eigenschaften aufweisen: eine nicht zu dünne, grobstollige, rutschfeste Profilgummisohle, mittelhoher, gut beweglicher Schaft mit enganliegendem weichem Abschluss aus Wasser abstoßendem, festem Leder, oder aus Kunststoff mit Lederinnenschuh. Das Fußbett sollte anatomisch geformt sein, um die Abrollbewegung des Fußes zu unterstützen und einen guten Fersensitz haben, der Blasen an den Füßen vermeidet. Die Zehenspitzen sollten noch genügend Spielraum haben, was für Abstiege sehr wichtig ist. Die größte Auswahl findet man in den Sportgeschäften der Bergorte. Wenn man mit einem Vorjahresmodell zufrieden ist, das die Anforderungen erfüllt, kann man sehr preisgünstig einkaufen. Ein guter Bergschuh ist eine bessere Investition als ein Arztbesuch wegen Knöchelbruch.

Rucksack

Es gibt Rucksäcke für Tageswanderungen und Mehrtageswanderungen. Wichtig ist vor allem, dass er wasserdicht ist und breite Tragegurte hat. Außentaschen und Deckeltasche haben sich bewährt.

Sonnenschutz

Dass die Sonneneinstrahlung im Gebirge größer ist und erhebliche Schäden an den Augen hervorrufen kann, ist jedem Bergwanderer bekannt. Deshalb ist eine Sonnenbrille mit 100% UV-Schutz unerlässlich. Wie dunkel die Gläser sein sollen, liegt an der individuellen Lichtempfindlichkeit des Trägers. Auf einem sonnenbestrahlten Gletscher sind 85% nicht zu viel, bei normaler Helligkeit reichen 65–75% aus. Sonnencreme mit hohem Lichtschutzfaktor gehört für einen blasssen Flachländer zur Standardausrüstung. Lippen-Fettstifte sind für Empfindliche zu empfehlen.

Wanderstock

Individuell einstellbare Wanderstöcke sind vor allem bei Abstiegen auch für den routinierten Bergwanderer eine wertvolle Hilfe. Man kann diese in allen Preislagen erhalten. Ob sie gefedert sein müssen oder nicht, muss jeder selbst entscheiden, nachdem er sich in einem Bergsportgeschäft informiert hat.

Ausrüstung für 1-Tages-Touren

Tagesrucksack
Unterhemd zum Umziehen
Hemd zum Umziehen
1 oder 2 dünne Pullover
Berganorak
Handschuhe
Regenschutz
Kopfbedeckung
Sonnenbrille und Sonnenschutzcreme
Taschentücher
Toilettenpapier
Ersatzschnürsenkel für Bergschuhe
Wanderstöcke
Sicherheitsnadeln
Plastiktüten (für Reservebekleidung, Fotoapparat, Karten, Liederbuch)
Verpflegung, Getränke
Fotoapparat, Filme, Ersatzbatterien
Kartenmaterial
Liederbuch

Zusatzausrüstung für 2-Tage-Touren

Hüttenschuhe (evtl. dicke Socken)
Unterwäsche für den 2. Tag
Socken für den 2. Tag
Hemd für den 2. Tag
Waschzeug
Zahnbürste und Zahnpasta
kleines Handtuch
evtl. Jogginghose (dient als Schlafanzugersatz und Ersatzhose bei Nässe)
Taschenlampe
Proviant für den 2. Tag
Teebeutel für das Hüttenfrühstück

Wie packt man einen Rucksack?

In den unteren Teil packt man die Dinge, die seltener gebraucht werden. Alles, was vor Feuchtigkeit geschützt werden muss (Kleidungsstücke, Reservekleidung, Handtuch) werden in feste Plastiktüten (z. B. Einkaufstüten aus dem Supermarkt) verpackt. Um eine gute Schwerpunktlage zu erzielen, werden schwerere Teile etwas mehr nach oben verstaut. Weiche Teile (Kleidung) zur Rückenauflage hin verstauen, um eine Polsterung zu erzielen.Verpflegung, Fotoausrüstung (in Plastiktüte), Regenschutz, Getränkebehälter (aufrecht stehend!) und Erste-Hilfe-Ausrüstung kommen in den oberen Rucksackteil. Kartenmaterial, Wanderführer, Liederbücher (in Plastiktüten), Sonnenbrille und Sonnenschutz werden in die Vor- oder Deckeltaschen gepackt.

Geologie des Wandergebiets

Unser Wandergebiet gehört politisch größtenteils zum Land Salzburg und zur Steiermark. Das Gosautal sowie der größte Teil des Dachsteingletschers gehören zum Land Oberösterreich.

Geologisch treffen erhebliche Gegensätze aufeinander, denn der Dachstein besteht aus Kalkstein, die Tauern aus Urgestein und wie ein Keil schieben sich die Salzburger Schieferalpen zwischen diese beiden Gesteinsarten.

Das Wandergebiet im Norden erstreckt sich von West nach Ost vom wildzerklüfteten Gosaukamm mit dem Donnerkogel und den Bischofsmützen über das vergletscherte Dachstein-Hauptmassiv mit den nach Süden fast senkrecht abfallenden Wänden bis zum Kemetgebirge, wo für uns der Stoderzinken den Abschluss bildet. In der Mitte durchschneidet das Ennstal unser Wandergebiet mit den Orten Radstadt, Schladming und Gröbming. Südlich davon bewegen wir uns in den Niederen Tauern, die zum Alpenhauptkamm zählen und wo viele, zum Teil lange Seitentäler, in das Ennstal münden.

Die Hauptmasse der Gesteine des Dachsteinmassivs besteht aus Kalk, Dolomitkalk, Sandstein und Mergel, was sich in den hellen Kalkmauern zeigt. Dazwischen liegt das Schiefergestein der Salzburger Schieferalpen, das auf dem aussichtsreichen und dicht bewaldeten Höhenzug des Roßbrand zu finden ist.

Die Niederen Tauern bestehen aus Urgestein, Granit, Gneis und kristalllinen Gesteinen. Merkwürdigerweise ist die Steirische Kalkspitze eine Pyramide aus Kalkstein, der eigentlich in den Niederen Tauern sonst nicht zu finden ist, mit einer Gipfelkuppe aus Quarz (daher der Name „Steirische und Lungauer Kalkspitze"). Diese geologische Konstellation bescherte den Schladminger Bergen auch den Reichtum an Bodenschätzen. Seit dem Mittelalter wurden durch viele Jahrhunderte bis vor 300 Jahren Eisen-, Silber-, Kupfer-, Nickel- und Kobaltbergbau betrieben.

Die Kalkgebirge haben meist zerrissene Formen, turmartig mit steil abfallenden Wänden. Die Urgesteinsberge der Niederen Tauern haben bis auf Ausnahmen, vor allem im Gebiet des Hochgolling, meist weit geschwungene Gipfel und Vorberge mit Matten und Almen.

Die Niederen Tauern bilden eine einzigartige Wasserlandschaft, denn viele Gletscher haben auf ihrem Weg ins Tal die Wannen für die Seen ausgeschürft oder Moränen (aus Gesteinsbrocken, Schutt) aufgeschoben. Heute noch kann das geübte Auge die Gletscherschliffe an den Felskanten erkennen. Fast 300 Bergseen und 150 Wasserfälle gibt es in den Niederen Tauern, von der unscheinbaren Lacke bis zum 23 Hektar großen Schwarzensee im Kleinsölktal. Ein kleiner Teil davon ist in diesem Wanderführer beschrieben.

Hinweise zur Benutzung der Tourenbeschreibungen

Gesamtgehzeiten	Hier wird die Gesamtgehzeit für einen durchschnittlichen Wanderer angegeben. Jüngere und Bessertrainierte sind entsprechend schneller. Die Zeiten sind ohne Pausen gerechnet.
Schwierigkeitsgrad	
leicht	nur mäßige Anstiege ohne besondere Schwierigkeiten.
leicht bis mittel	durch kurze steilere Anstiege oder größere Tourlänge etwas schwieriger als die leichte Tour, aber ohne besondere Schwierigkeiten.
mittel	hier braucht man schon mehr Ausdauer und vor allem Trittsicherheit. Die Touren sind länger und steiler.
schwer	hier können einige leichte Kletterpassagen enthalten sein oder die Tour ist besonders lang und (oder) steil.
sehr schwer	Ausdauer, Trittsicherheit und Schwindelfreiheit sind Voraussetzung. Diese Touren sind nur für wenige Wanderer geeignet.
leicht/mittel	die Tour kann, meist im unteren Bereich als leichte Tour gegangen werden. Wer mehr Ausdauer hat, kann weitergehen.
leicht/schwer	die Tour kann aufgeteilt werden in eine leichte und eine schwere, die dann von den Geübten weitergegangen wird.
Höhenunterschied	Der Gesamthöhenunterschied der Tour, nicht nur die Differenz zwischen Höhe des Start- und des Zielpunktes.
Anfahrt	Der Anfahrtweg mit dem Auto.

Anfahrtstrecke	Die Länge der Autoanfahrt in Kilometern und die Anfahrtzeit bei normalem Verkehr ohne Stau.
Talort	Talort ist das Dorf, von dem aus eine Maut- oder Bergstraße zum Parkplatz benutzt wird.
Ausgangspunkt	Der Punkt, an dem das Auto abgestellt wird und die Tour beginnt. Ausgangspunkt in Filzmoos ist immer die Jugendherberge „Aumühle" am Ortsende Richtung Ramsau.
Einkehrmöglichkeiten	Gasthäuser und Hütten, die vor, während und nach der Tour aufgesucht werden können (Beschreibung im Hüttenverzeichnis, Seite 00)
Besonderes	Hinweise auf Bergbahnen, Anforderungen an den Wanderer (Schwindelfreiheit, Ausdauer usw.), Besonderheiten der Tour.
Tourbeschreibung	Die Beschreibung der Tour. Der Wanderweg ist auf der Skizze eingezeichnet.
Besondere Hinweise	Weitere Besonderheiten der Tour.
Gehzeiten im Detail	Die einzelnen Zeiten lassen erkennen, wie lang die Teilstrecken sind, wann zum Beispiel der Gipfel erreicht ist oder wann eine Einkehrmöglichkeit erreicht ist.
Tourenverzeichnis	Das Tourenverzeichnis am Ende des Buches zeigt an, wie lang die Wanderung ist, ob eine Anfahrt mit dem Auto erforderlich ist, welchen Schwierigkeitsgrad die Tour hat.

Foto: Horst Weiß

Wegschilder am Marcheggsattel

Foto: Anneke Hagen

Blumenwiese bei Filzmoos

Foto: Anneke Hagen

Gosausee mit Dachsteinmassiv

Foto: Manjit Jari

Wasserfall beim Almsee

1 Wanderung in Filzmoos

Gesamtgehzeit:	1 Std.
Schwierigkeitsgrad:	sehr leicht
Höhenunterschied:	ca. 50 m
Talort:	Filzmoos (1055 m)
Ausgangspunkt:	Aumühle
Einkehrmöglichkeit:	Alle Cafés in Filzmoos
Besonderes:	Leichter Spazierweg mit vielen Ruhebänken und schöner Aussicht

Tourbeschreibung:

Von der Aumühle geht man die Fahrstraße Richtung Ortsmitte entlang. Am Kreisverkehr folgt man der Straße nach links Richtung Eben. Kurz darauf biegt man nach links auf den Parkplatz der Papageno-Seilbahn. Von dort aus geht der Weg rechts neben der Seilbahnstation über den Kinderspielplatz. Der Weg wird als „Herzerlweg" (früher „Seniorenpromenade") bezeichnet. Am Spielplatz überquert man den Bach und geht auf dem breiten Weg mit schöner Aussicht und vielen Ruhebänken den Bach entlang und dann durch den Wald bis zur Straße Hofring. Von hier aus kann man nach links weitergehen in Richtung Übermoos und Neuberg. Für den Rückweg kann man entweder auf demselben Weg zurückgehen oder man wendet sich am Ende des Waldweges nach rechts und geht die Straße hinunter bis zur Hauptstraße, wo man nach rechts auf dem Bürgersteig zurück in die Ortsmitte gehen kann.

Besondere Hinweise:

Die Schulkinder von Filzmoos haben für Kinder der Dritten Welt Herzen gebastelt, mit denen der Herzerlweg dekoriert ist.

Gehzeiten im Detail:

Sehr individuell und frei wählbar

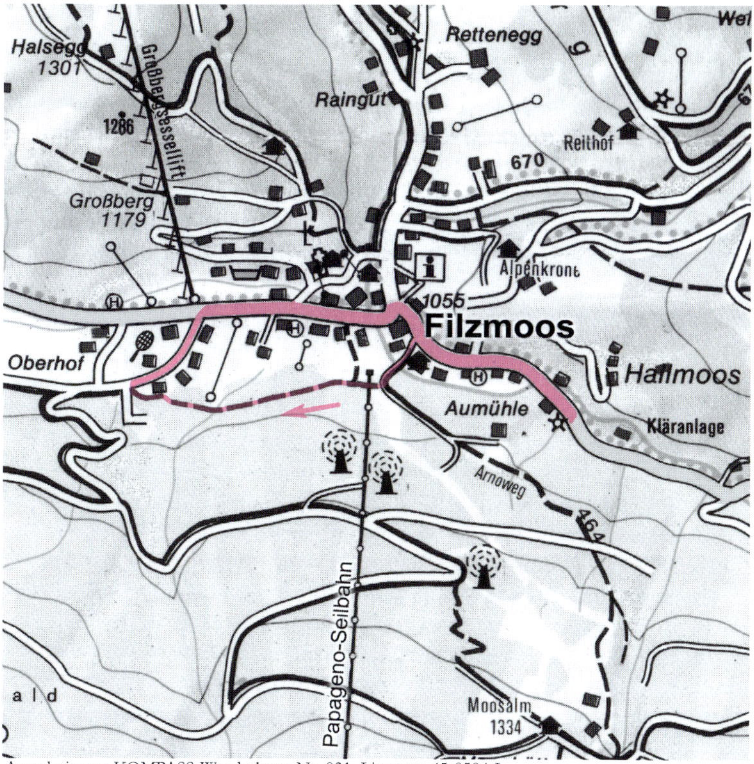

Ausschnitt aus KOMPASS-Wanderkarte Nr. 031, Lizensnr. 45-0504-L

2 Almsee / Hofalm (1268 m)

Gesamtgehzeit:	2 ¾ Std.
Schwierigkeitsgrad:	leicht
Höhenunterschied:	213 m
Talort:	Filzmoos (1055 m)
Ausgangspunkt:	Aumühle
Einkehrmöglichkeit:	Oberhofalm, Unterhofalm
Besonderes:	für Kinderwagen ist nur die Benutzung der Mautstraße empfehlenswert

Tourbeschreibung:

Man geht auf der Fahrstraße Richtung Bischofsmütze, bis sie über die Warme Mandling führt. Man folgt der Straße aber nicht weiter, sondern geht geradeaus, an der alten Mühle vorbei Richtung Rettensteinlift. Hinter der Liftstation (links beginnt die Mautstraße) geht man nach rechts die Fahrstraße hinauf. Dann entweder in Höhe Staumauer nach links auf den schmalen Waldweg Naturwanderpfad Hofalm/Fußweg Hofalmen oder immer der Straße folgend bis zum Wallehengut. Man geht weiter geradeaus, folgt hinter den Häusern dem Forstweg, der in den Hochwald führt. Auf diesen stößt auch der Naturwanderpfad Hofalm. Man geht weiter Richtung Unterhofalm, von dem kurz vor Erreichen der Mautstraße ein schmaler Waldweg nach rechts abzweigt, dem man bis zu der Mautstraße folgt. Diese wird überquert Richtung Unterhofalm. Der Weg steigt mäßig an und mündet später wieder in die Mautstraße, der man nach links Richtung Unterhofalm folgt. Kurz darauf verlässt man die Straße und geht in der Nähe des Baches, parallel zu diesem, einen schmalen Weg, teilweise über Bretter, bis zum Parkplatz der Unterhofalm (die oberhalb der Oberhofalm liegt). Die Unterhofalm rechts liegen lassend, geht man noch den Forstweg weiter und erreicht nach kleinem Anstieg den herrlich gelegenen Almsee.
Rückweg: Von der Oberhofalm geht man entweder den Fahrweg Richtung Filzmoos oder nimmt hinter dem Gasthaus „Oberhofalm" den „Naturwanderpfad Filzmoos 612A". Am Brunnen treffen sich beide Wege und es beginnt eine asphaltierte Straße. In der Kurve der Straße dann geradeaus weiter auf den „Fußweg Filzmoos" (Kin-

derwagen nehmen weiter die Straße). Der Weg führt wieder auf die Mautstraße, die man nach links hinuntergeht. Hinter der Brücke geht man auf der Straße ein kleines Stück weiter bis zur Einmündung der Kaltenbachstraße. Dort nach links und sofort wieder rechts auf den Waldweg Fußweg Filzmoos, dem man bis kurz vor das Wallehengut folgt (erstes Haus). Dort kann man hinter dem Zaundurchgang entweder geradeaus weitergehen (ab dem Bauernhof auf der asphaltierten Straße) oder man nimmt den nach rechts in den Wald abzweigenden Fußweg, der oberhalb der Mautstation wieder auf die Straße trifft, auf der man die Ortsmitte von Filzmoos erreicht.

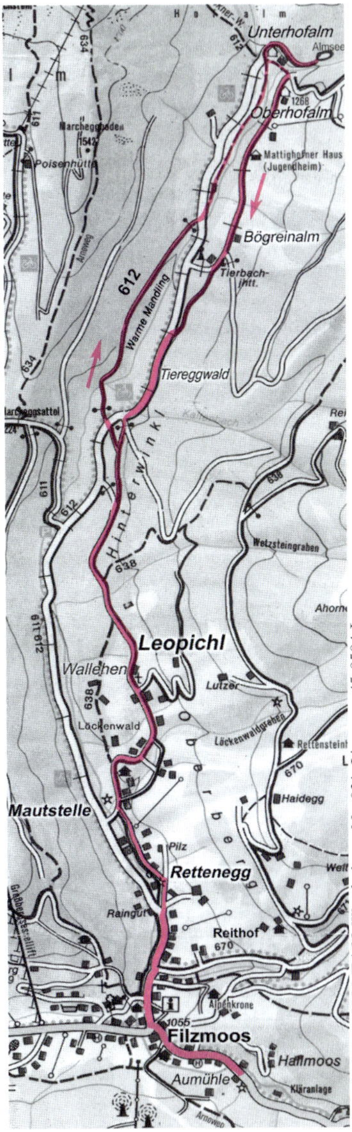

Ausschnitt aus KOMPASS-Wanderkarte Nr. 031, Lizensnr. 45-0504-L

Besondere Hinweise:

Vom Almsee aus können Touren zur Hofpürglhütte und Sulzenalm sowie ins Rinderfeld unternommen werden.

Gehzeiten im Detail:

Filzmoos – Unterhofalm
1 ½ Std.
Unterhofalm – Filzmoos
1 ¼ Std.

3 Rundweg Oberberg

Gesamtgehzeit:	2 ½ Std.
Schwierigkeitsgrad:	leicht
Höhenunterschied:	ca. 275 m
Talort:	Filzmoos (1055 m)
Ausgangspunkt:	Aumühle
Besonderes:	Viele Tourenziele des Buches sind zu sehen. Bis auf ¼ Std. im Wald nur auf asphaltierter Straße
Einkehrmöglichkeit:	Gasthaus Reit

Tourbeschreibung:

Von der Aumühle geht man entlang der Straße zur Ortsmitte. Hinter der Brücke die Straße zum Gasthaus Reit rechts hoch. Entweder nimmt man hinter dem letzten Haus nach links den steilen Waldpfad oder geht geradeaus die Straße weiter. Vor dem Reithof (Gasthaus Reit) beginnt nach rechts der bezeichnete Rundweg Oberberg. Dieser führt am Weitenhaushof vorbei zum letzten Bauernhof, dem Neuhausbauern, vor dem nach links der Weg in den Wald führt. Diesem folgt man, bis er beim Haidegghof wieder auf die asphaltierte Straße stößt. Diese geht man nach links und folgt ihr bis zurück zum Reithof. Von da aus geht es wieder auf der Straße zurück nach Filzmoos. Hinter dem Reithof kann man wieder wie auf dem Hinweg nach rechts hinunter den steilen Waldpfad oder geradeaus die Straße benutzen.

Besondere Hinweise: Der Haidegghof ist der Heimathof der Filzmooser Schriftstellerin Barbara Passrugger („Hartes Brot", „Steiler Hang", „Die Berge, meine Lebenswelt" u. a.)

Gehzeiten im Detail:

Aumühle – Reithof	¾ Std.
Reithof – Reithof (Rundweg)	1 Std.
Reithof – Aumühle	¾ Std.

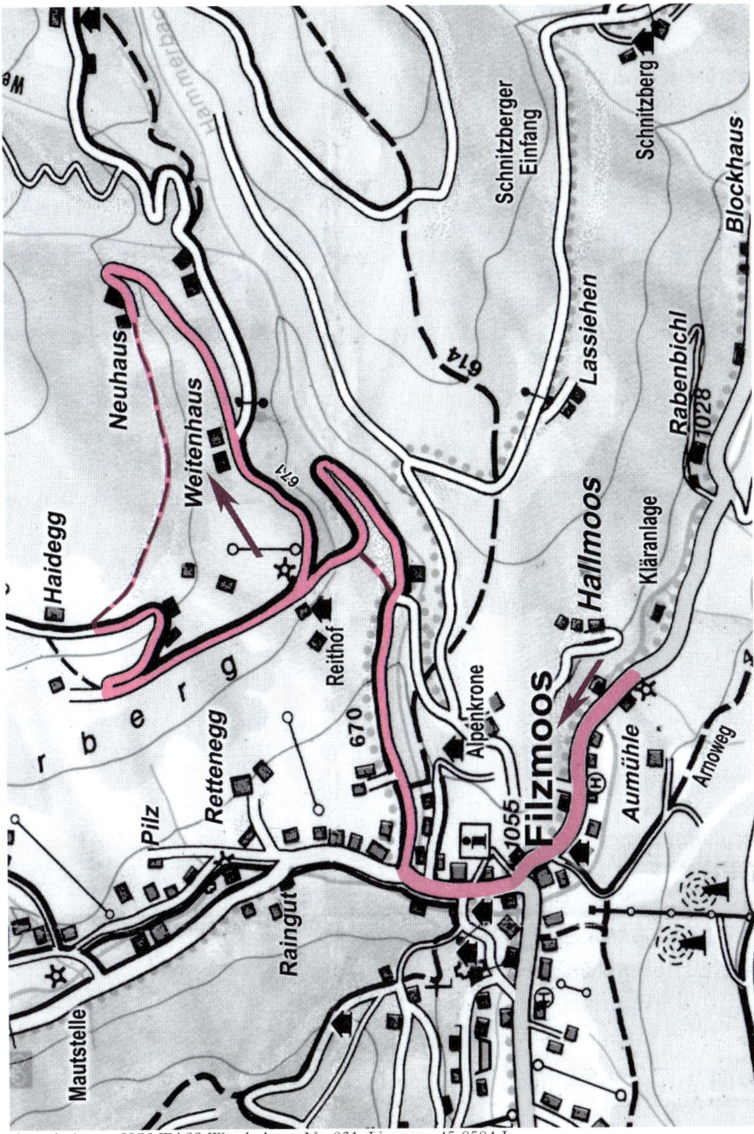

Ausschnitt aus KOMPASS-Wanderkarte Nr. 031, Lizensnr. 45-0504-L

4 NEUBERG

Gesamtgehzeit:	2 ½ Std.
Schwierigkeitsgrad:	leicht
Höhenunterschied:	ca. 250 m
Talort:	Filzmoos (1055 m)
Ausgangspunkt:	Aumühle
Einkehrmöglichkeit:	Geierhäusl
Besonderes:	Wanderung verläuft zu ¾ parallel zur Straße

Tourbeschreibung:

An der Papageno-Seilbahn nimmt man den Herzerlweg (früher Seniorenpromenade genannt) Richtung Neuberg. An den Tennisplätzen geht der Weg geradeaus durch das Gatter. Man folgt dem Fußweg nach Neuberg. Am letzten Gatter vor dem Krahlehenhof nach links Richtung Neuberg abbiegen. Man überquert den Forstweg und geht in den Wald. Ab hier beginnt ein Waldpfad. Dieser geht später in einen Forstweg über. An einer Wegbiegung nach rechts kann man auf direktem, steilem Waldpfad das Gasthaus Geierhäusl erreichen. Wenn man den Forstweg weitergeht, stößt man auf eine Straße. Dort hat man einen schönen Blick auf die Bischofsmütze. Man geht die Straße nach rechts hinunter und erreicht die Landstraße Eben-Filzmoos an der Abzweigung Neuberg. Diese geht man ca. 300 m aufwärts Richtung Filzmoos (Vorsicht Autoverkehr), bis man das Gasthaus Geierhäusl erreicht, wo man rasten kann.

Rückweg: Vom Gasthaus Geierhäusl geht direkt auf der anderen Seite der Straße ein steiler Pfad nach oben zu dem Forstweg, auf dem man hergekommen ist. Man geht den Forstweg nach links wieder in Richtung Filzmoos. Die Forststraße wird überquert und man geht geradeaus weiter den Weg entlang. Immer der Bezeichnung Fußweg Filzmoos folgen. Hinter den ersten Häusern von Filzmoos nach rechts auf den Herzerlweg einbiegen, der zurück in den Ort führt. Bei Bedarf kann die Rückkehr ab Geierhäusl mittags mit dem Autobus erfolgen (Abfahrtzeit erfragen).

Gehzeiten im Detail:

Aumühle – Neuberg	1 ¼ Std.
Neuberg – Aumühle	1 ¼ Std

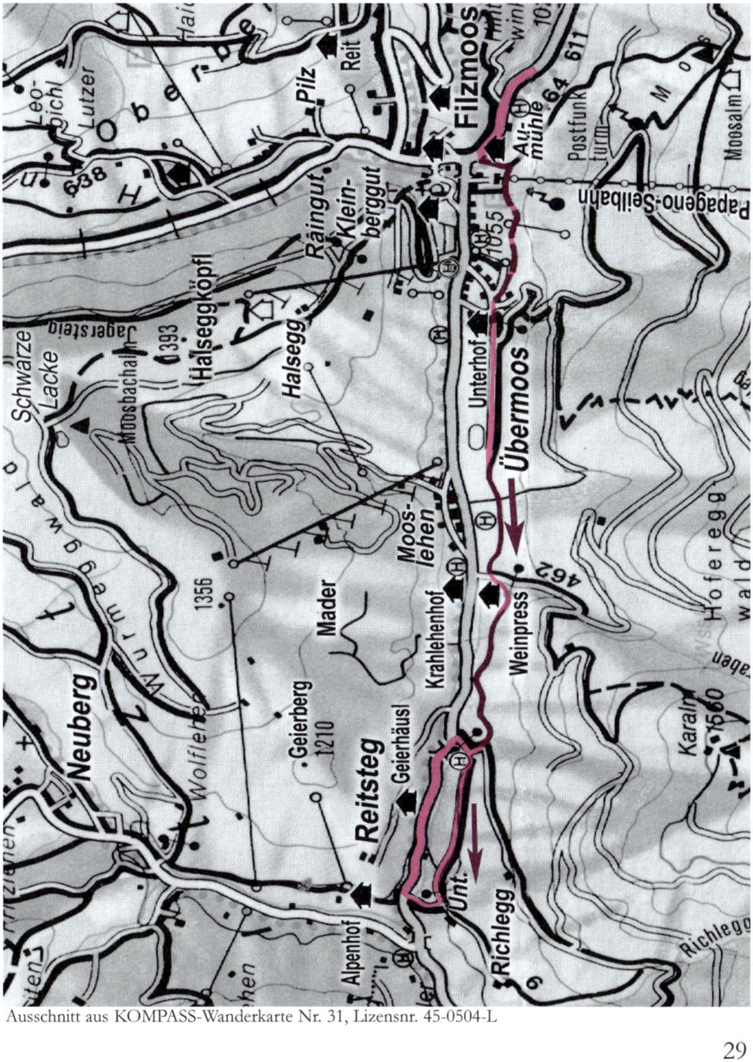

Ausschnitt aus KOMPASS-Wanderkarte Nr. 31, Lizensnr. 45-0504-L

5 Steinalm

Gesamtgehzeit:	2 ¾ Std.
Schwierigkeitsgrad:	leicht
Höhenunterschied:	ca. 305 m (495 m über Moserscharte)
Talort:	Filzmoos (1055 m)
Ausgangspunkt:	Aumühle
Einkehrmöglichkeit:	Steinalm
Besonderes:	Riesach-Wasserfall, 70 m hoch

Tourbeschreibung:

Von der Aumühle geht man die Straße Richtung Ramsau hinunter. Unten auf den Fahrweg parallel zur Mandling gehen. Weiter über die Brücke. An der nächsten Weggabelung nimmt man den Weg rechts hoch Richtung Moosalm. Das erste Stück ist recht steil bis zur zweiten Abzweigung. Dort biegt man nach links Richtung Steinalm ab. Zwischendrin schöner Blick auf den Dachstein. Der Weg ist erst eben, steigt dann leicht an und führt um den Berg herum. Man folgt immer der Bezeichnung Steinalm. Auf der Rückseite des Berges hat man einen schönen Blick auf das Ennstal und in die Niederen Tauern.

Rückweg:

Variante 1: Denselben Weg zurück.

Variante 2: 200 m den Weg nach Filzmoos zurückgehen. Dann links den Waldpfad hoch Richtung Roßbrand (das Schild ist nur von der Rückseite zu sehen). Der Pfad ist steil und bei Nässe schwer begehbar. Oben (1513 m – Moserscharte) rechts abbiegen Richtung Moosalm. Der Weg geht steil nach unten. Dieser Pfad ist bei Regen stellenweise ein Bach und sehr matschig. 100 m rechts der Moosalm geht der direkte, steile Weg nach Filzmoos, der bei Regen ebenfalls rutschig ist. Man kann auch den Fahrweg nehmen, der aber dann länger ist als hier beschrieben.

Gehzeiten im Detail:

Aumühle – Steinalm	1 ½ Std.
	(305 m Höhenunterschied)
Steinalm – Aumühle	1 ¼ Std.
Rückweg Variante 2:	
Steinalm – Moserscharte	½ Std.
Moserscharte – Moosalm	¼ Std.
Moosalm – Aumühle direkt	½ Std.
	(495 m Gesamthöhenunterschied)

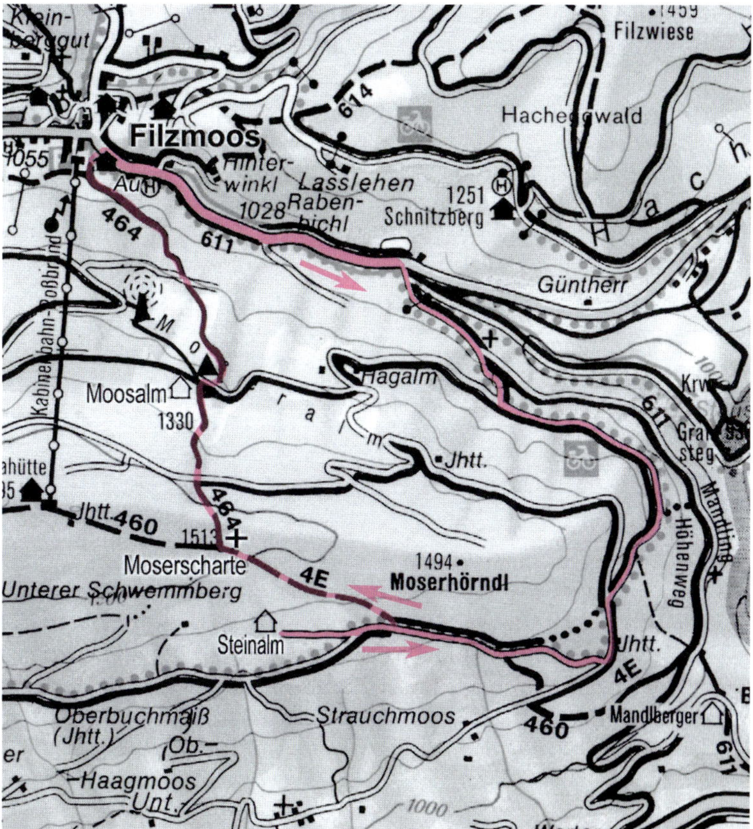

Ausschnitt aus KOMPASS-Wanderkarte Nr. 31, Lizensnr. 45-0504-L

6 In die Hachau

Gesamtgehzeit:	2 ¼ Std. (2 ¾ Std. über Schnitzberg)
Schwierigkeitsgrad:	leicht
Höhenunterschied:	Zeferer 160 m, über Schnitzberg 285 m
Talort:	Filzmoos (1055 m)
Ausgangspunkt:	Aumühle
Einkehrmöglichkeit:	Gasthaus Zeferer, Schnitzberg (bei längerer Tour)
Besonderes:	Gasthaus Zeferer, Dienstag Ruhetag

Tourbeschreibung:

Von der Aumühle geht man die Straße hinunter Richtung Ramsau. Unten nimmt man den Fußweg, der nach rechts am Bach entlangführt. Nach 100 m, vor der Brücke, geht nach links der Weg Richtung Hachau ab. Den immer leicht ansteigenden Weg (2 x Wildgatter durchqueren) geht man bis nach oben. An der Wegkreuzung biegt man rechts ab und gleich wieder nach links, dem Schild „Spazierweg" folgend. Diesen Waldweg, der rot markiert ist (Achtung: viel Wurzelwerk), immer parallel zum Zaun auf der Waldseite entlanggehen (Aussichten nach rechts). Im weiteren Verlauf den Zaundurchgang benutzen. Am Ende der Wiese geht man nach links den Fahrweg bis zum Bauernhof an der Straße hinunter. Dort überquert man nach links die Wiese zum Gasthaus Zeferer.

Rückweg:

Variante 1: Beim Gasthaus Zeferer den Weg nach Filzmoos (links über die Wiese) bis zur Wegkreuzung gehen. Dort geradeaus den Hinweg bis zur Aumühle.

Variante 2 (länger): Gegenüber Gasthaus Zeferer auf der anderen Straßenseite (Straße nach Ramsau) den Fahrweg hoch bis Schnitzberg (Jausenstation) gehen. Dort geht es geradeaus weiter. Hinter den Häusern in der Kurve nach links Richtung Filzmoos. Auf halber Höhe nach links den Hallmoos-Rundweg (Achtung: versteckte Abzweigung) gehen, an der Pension Hallmoos die Straße nach unten bis Filzmoos.

Gehzeiten im Detail:

Aumühle – Gasthaus Zeferer	1 ¼ Std.
Zeferer – Aumühle (direkt)	1 Std.
Zeferer – Schnitzberg	½ Std.
Schnitzberg – Aumühle	1 Std.

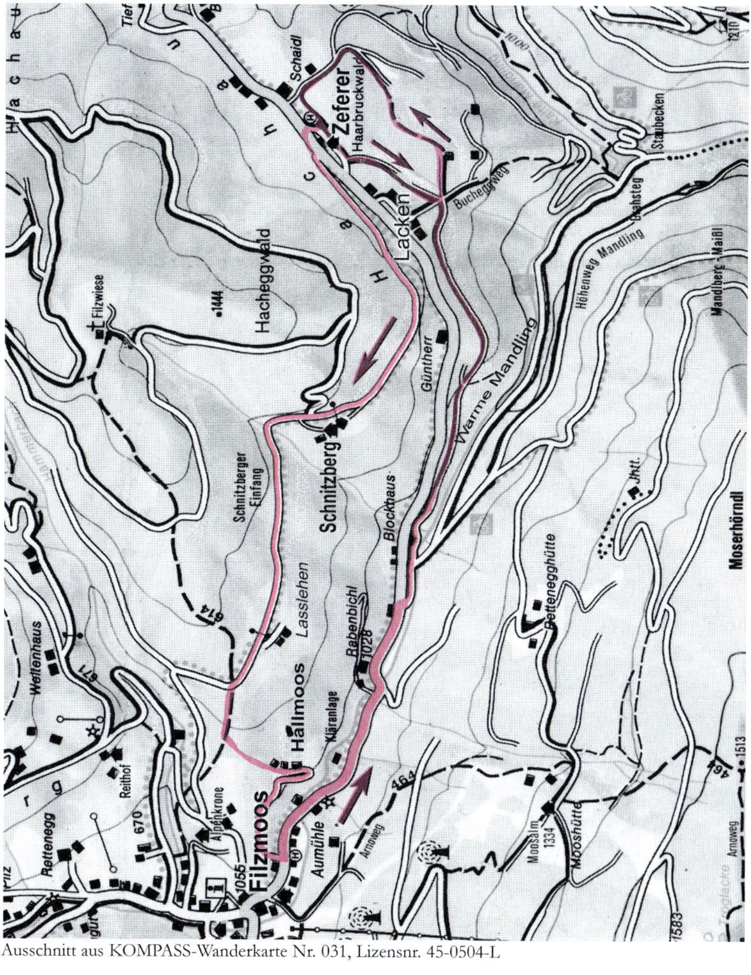

Ausschnitt aus KOMPASS-Wanderkarte Nr. 031, Lizensnr. 45-0504-L

7 Schwarze Lacke (1380 m)

Gesamtgehzeit:	3 Std.
Schwierigkeitsgrad:	leicht-mittel
Höhenunterschied:	325 m
Talort:	Filzmoos (1055 m)
Ausgangspunkt:	Aumühle
Einkehrmöglichkeit:	Kleinprechthütte

Tourbeschreibung:

Variante 1: An der hinteren Hauswand des Hotels Bi-schofsmütze (gegenüber Sport-Flory) entlang (der Einstieg ist etwas versteckt) führt der Weg anfangs rechts steil den Kalva-rienberg hinauf, an Kreuzwegstationen und einer schönen Ka-pelle vorbei, zum Kleinberggut. Jetzt geht es weniger steil nach rechts weiter. Man folgt immer der Bezeichnung Schwarze Lacke, kommt dabei an der neu erbauten Kleinprechthütte am Ende des Sessellifts vorbei und erreicht durch schönen Hochwald die Schwarze Lacke.

Variante 2: Man geht zuerst die Fahrstraße Richtung Eben entlang. Hinter der Tankstelle biegt man nach rechts ab und nimmt den Fahrweg gleich wieder nach links an der Schule vorbei bergauf, bis man am Kleinberggut auf den vom Kalvarienberg kommenden Weg der Variante 1 trifft. Dann geht es weiter wie oben beschrieben.

Der Rückweg ist derselbe wie der Hinweg.

Besondere Hinweise:

Die Schwarze Lacke (schwarze Pfütze) ist der Rest eines Hochmoores. Nach einer Sage sollen am Grunde der Lacke eine goldene Deichsel oder gar ein goldener Wagen liegen. Nur wenn mehrere glückliche Umstände zusammentreffen, kann dieser Schatz gehoben werden. Allerdings ist es für den Wanderer nicht empfehlenswert nach dem Schatz zu suchen, da die Schwarze Lacke bis zu 1,60 m tief und am Grund moorig ist, so dass man sicherlich im Moor versinken würde.

Im Sommer verkehrt am Dienstag und Donnerstag der Großberg-Sessellift (Stand: 2004).

Gehzeiten im Detail:

Filzmoos – Schwarze Lacke	1 ¾ Std.
Schwarze Lacke – Filzmoos	1 ¼ Std.

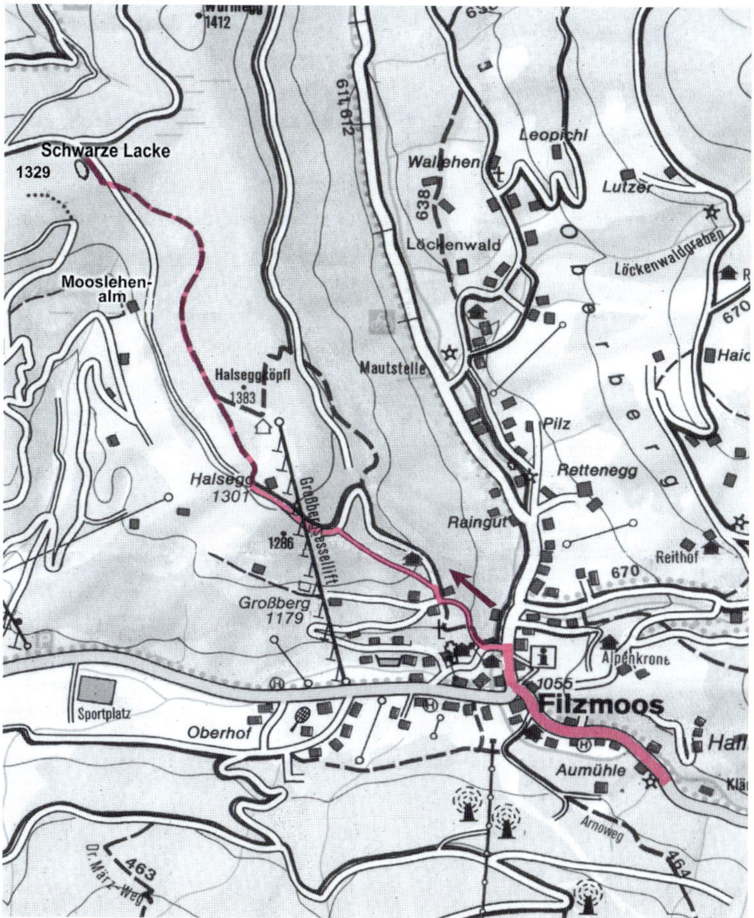

Ausschnitt aus KOMPASS-Wanderkarte Nr. 031, Lizensnr. 45-0504-L

8 Ochsenalm (1300 m)

Gesamtgehzeit:	3 ¾ Std.
Schwierigkeitsgrad:	leicht
Höhenunterschied:	350 m
Talort:	Filzmoos (1055 m)
Ausgangspunkt:	Aumühle
Einkehrmöglichkeit:	Ochsenalm
Besonderes:	Die Tour ist besonders für Familien mit Kindern geeignet (Spielplatz an der Ochsenalm)

Tourbeschreibung:

Man geht an der Straße nach Ramsau entlang bis zur Weggabelung vor der Brücke (ca. 800 m), wo die Straße bergauf weiter in die Hachau geht. Der Wanderweg führt geradeaus über die Brücke, immer abwärts am Bach entlang bis zu dessen Einmündung in den Stausee. Man überquert den Bach beim See (Schild Ochsenalm) auf einem Steg. Hinter dem See geht man den mäßig ansteigenden Fahrweg aufwärts, immer der Beschilderung Ochsenalm folgend. Kurz vor dem Ziel verlässt man den Forstweg, um auf einem Waldpfad zur Ochsenalm zu gelangen.
Zurück geht es auf gleichem Weg über den Stausee.

Besondere Hinweise:

Heidelbeerfelder dürfen nur im unteren Bereich hinter dem Stausee betreten werden. Im oberen Bereich ist das Betreten verboten! Die Tour kann zur Sonnenalm verlängert werden.

Gehzeiten im Detail:

Filzmoos – Ochsenalm	2 Std.
Ochsenalm – Filzmoos	1 ¾ Std.
Ochsenalm – Sonnenalm und zurück	1 ½ Std.

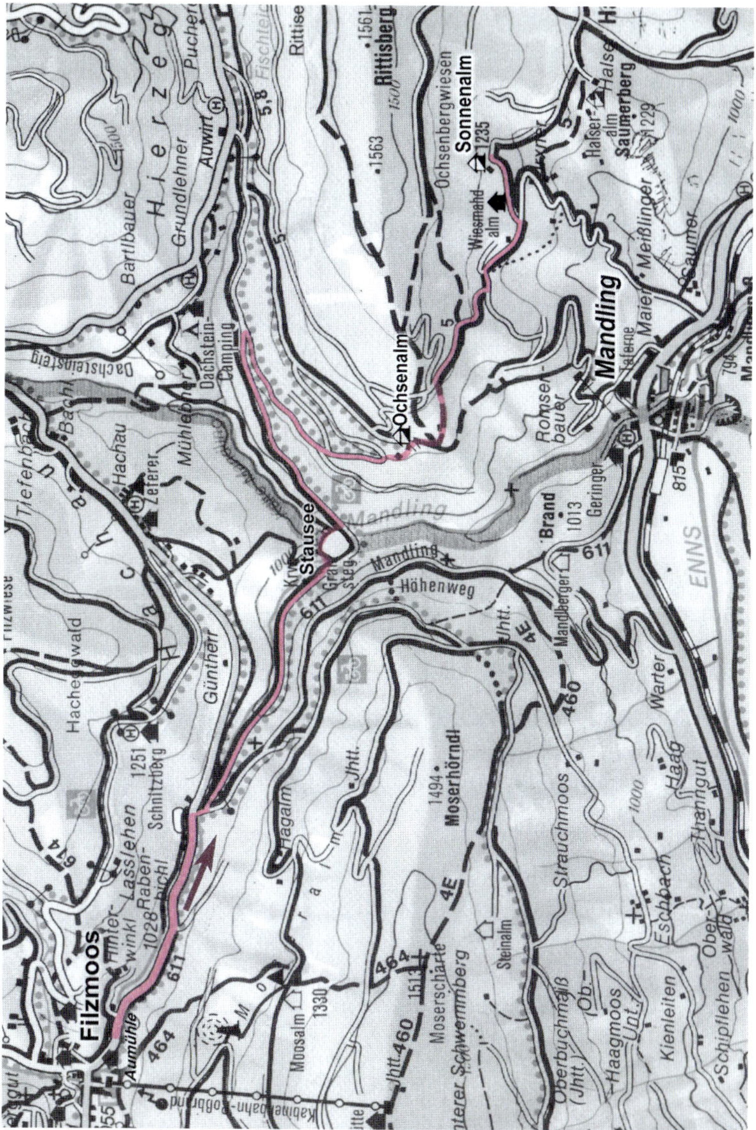

Ausschnitt aus KOMPASS-Wanderkarte Nr. 31, Lizensnr. 45-0504-L

9 Moosalm (1334 m)

Gesamtgehzeit:	2 ¾ Std.
Schwierigkeitsgrad:	leicht-mittel
Höhenunterschied:	280 m
Talort:	Filzmoos (1055 m)
Ausgangspunkt:	Aumühle
Einkehrmöglichkeit:	Moosalm

Tourbeschreibung:

Von der Aumühle geht man die Straße nach Ramsau 800 m abwärts und biegt dann nach rechts auf den Forstweg Richtung Moosalm ein. An der Abzweigung hinter der Brücke nimmt man den mäßig steil aufwärts führenden Weg und folgt diesem bis zur Moosalm. Unterwegs gibt es zwei Abzweigungen nach links, an denen man sich aber nach rechts hält.

Rückweg:

1. Variante:

Man geht zurück bis zum Gatter und biegt vor diesem nach links auf den steilen Fußweg nach Filzmoos ab, dem man bis zur Straße folgt.

2. Variante:

Bequemer, aber länger ist der Weg an der Alm vorbei Richtung Filzmoos-Unterhof (Achtung: direkt hinter der Moosalm zweigt ein Weg zum Roßbrand ab, den man aber nicht nimmt). Erst geht es auf einem Waldpfad etwas steiler bergab, bis man den Fahrweg erreicht hat. Man folgt diesem nach rechts bergab, unter der Seilbahn durch, bis von links der Dr..-März-Weg dazustößt. Weiter geht es diesen Fahrweg bergab bis zum Unterhof am Ortsrand von Filzmoos. Rechts an den Tennisplätzen vorbei, biegt man nach 100 m rechts auf einen versteckten Waldweg ein (Herzerlweg), dem man bis nach Filzmoos folgt.

Gehzeiten im Detail:

Filzmoos – Moosalm	1 ½ Std.
Moosalm – Filzmoos (steil)	½ Std.
Moosalm – Filzmoos	1 ¼ Std.

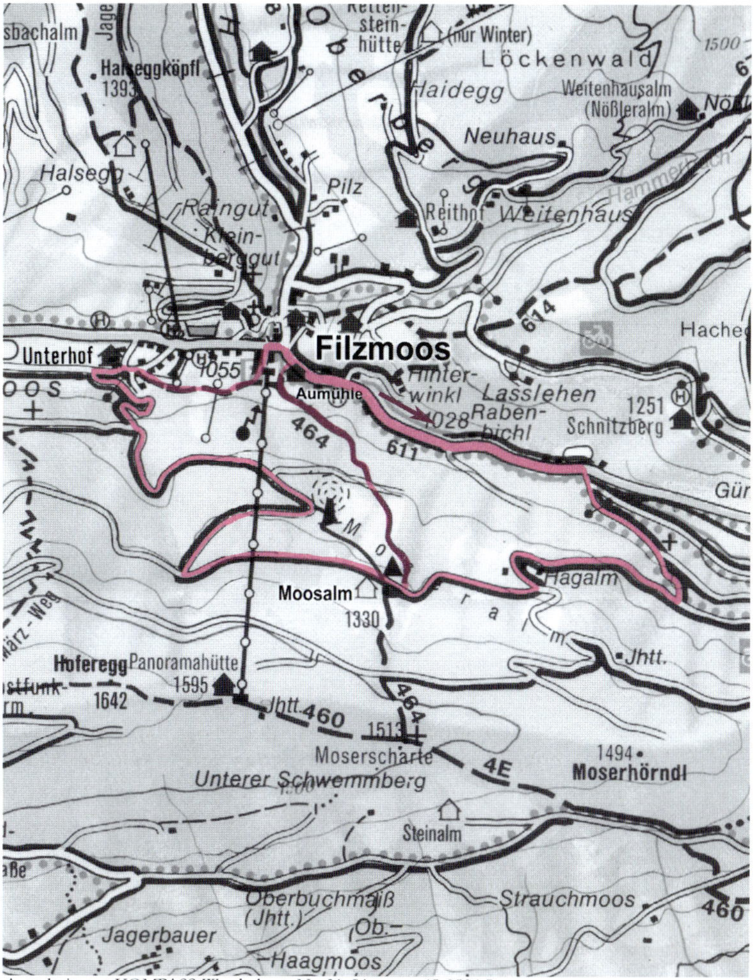

Ausschnitt aus KOMPASS-Wanderkarte Nr. 31, Lizensnr. 45-0504-L

10 WEITENHAUSALM-FILZWIESE

Gesamtgehzeit:	3 Std.
Schwierigkeitsgrad:	leicht-mittel
Höhenunterschied:	ca. 420 m
Talort:	Filzmoos (1055 m)
Ausgangspunkt:	Aumühle
Einkehrmöglichkeit:	Weitenhausalm
Besonderes:	Bei feuchtem Wetter nicht zu empfehlen (dann nur auf dem Fahrweg zur Weitenhausalm und wieder zurück)

Tourbeschreibung:

Von der Aumühle geht man entlang der Straße zum Ortskern. Direkt hinter der Brücke biegt man auf die Straße Richtung Reithof. Am Gästehaus Herrmann geht man a) die Straße geradeaus hoch oder b) nach links auf den Fußweg Oberberg (steil von Gästehaus Herrmann bis Reithof ½ km). Vor dem Reithof geht es rechts ab Richtung Weitenhausalm. Weiter Richtung Weitenhausalm/Bachlalm. Nach einigen Minuten zweigt ein Weg nach rechts unten ab, der durch ein Gatter Richtung Weitenausalm (Wanderweg rot/weiß) führt. Gleich hinter dem Gatter befindet sich, links versteckt auf dem Hügel, direkt neben dem Weg, eine Hütte mit See und Mühlrad (vom Weg aus nicht sichtbar). 100 m hinter dem See geht der Weg nach links hoch und nach 20 m im Bachbett nach rechts oben. (Kennzeichnung fehlt teilweise). Diesen Wanderweg weitergehen. Über eine Almwiese geht man weiter auf den Rötelstein zu. Links am Ende der Wiese liegt die Weitenhaus-Nösslau-Alm. Von der Weitenhausalm geht man nach Osten Richtung Hachau (nicht nach Bachlalm, Nestlerriedel), zuerst weglos über eine Wiese, hinter der ein bezeichneter Pfad beginnt. An der Weggabelung im Wald geradeaus bergan Richtung Filzwiese/Schnitzberg-Hachau. Nach kurzem Anstieg biegt man rechts ab Richtung Filzwiese-Filzmoos. Über den Brettersteig gelangt man in die Filzwiese. Dort nach rechts Richtung Filzmoos. Zwischen Filzwiese und Filzmoos gibt es viele Heidelbeeren und Himbeeren. Man folgt immer dem Pfad nach Filzmoos geradeaus bergab, den Fahrweg überquerend (ziemlich steil und bei feuchtem Wetter etwas matschig) und der Beschilderung Filzmoos folgend. 2-mal wird der Fahrweg überquert. Am Ende des Steilstücks (ca. 500 m hinter der zweiten Fahrstraße) nach links, dem Schild Hallmoos Rundwanderweg folgend (das Schild ist in Laufrichtung nicht sichtbar, da an der Hinterseite des Baums angebracht). Der letzte Abstieg erfolgt über den Hallmooshof zur Aumühle.

Gehzeiten im Detail:

Aumühle – Weitenhausalm	1 ¼ Std.
Weitenhausalm – Filzwiese	½ Std.
Filzwiese – Aumühle	1 ¼ Std

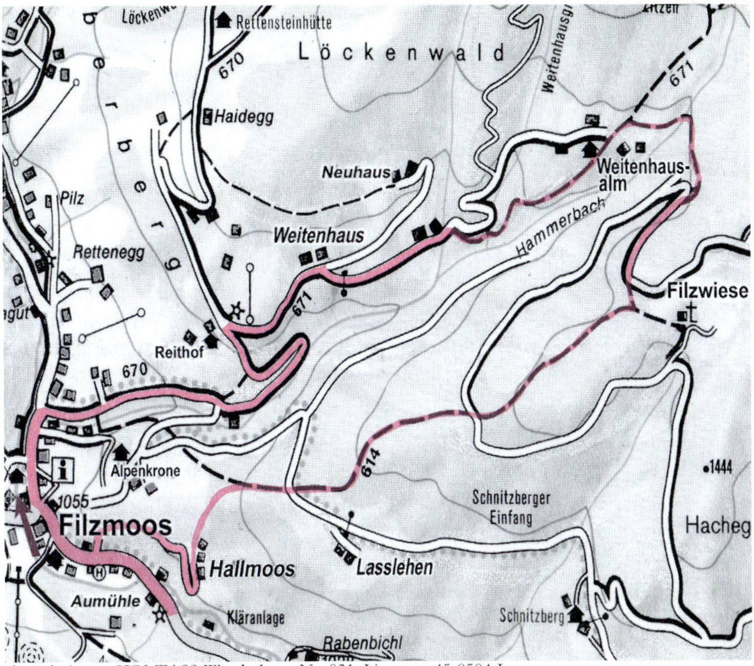

Ausschnitt aus KOMPASS-Wanderkarte Nr. 031, Lizensnr. 45-0504-L

11 Mandling-Rundweg

Gesamtgehzeit:	2 ½ Std.
Schwierigkeitsgrad:	leicht-mittel
Höhenunterschied:	ca. 280 m
Talort:	Filzmoos (1055 m)
Ausgangspunkt:	Aumühle
Einkehrmöglichkeit:	Latschenstüberl, Gasthaus Gehringer
Besonderes:	Die Mandling wird am Stausee von zwei Bächen gebildet. Die Warme Mandling kommt aus dem Bereich Hofalmen unterhalb der Bischofsmütze, die Kalte Mandling aus dem Bereich Dachstein. Die Mandling bildet die Grenze zwischen den Bundesländern Salzburg und Steiermark

Tourbeschreibung:

Von der Aumühle geht man die Straße Richtung Ramsau. Man biegt nach rechts auf den Weg entlang der Mandling, dann über die Brücke. An der nächsten Gabelung nimmt man den Weg rechts hoch Richtung Moosalm. Nicht den Weg 611 (Talweg Mandling). Das erste Stück ist recht steil. Am ersten Abzweig biegt man nach links auf den Höhenweg Mandling. Es geht bergab. Am Gatter links Richtung Mandling hinunter. (Weg 4E). Kurz darauf sieht man ein Kreuz mit Bild (Jesuskindl in Filzmooos) und erste Häuser. Den Weg überqueren und geradeaus zwischen zwei Zäunen immer abwärts bis nach Mandling. Im Gasthaus Geringer kann man einkehren.

Rückweg: Direkt hinter dem Gasthaus Geringer geht man nach links, passiert das steinerne Tor und gleich anschließend den kurzen Tunnel am Bach. Die Straße heißt Filzmoosweg. Der Weg führt jetzt immer an der Mandling entlang. Erst auf breiterem Fahrweg eben, dann auf schmalem Weg z. T. steiler ansteigend und wieder abfallend, immer am Bach entlang. Auf der gesamten Strecke hat man das Geräusch des Wassers im Ohr. Bis zum Stausee geht es auf schmalem Pfad. Dort geht man nach links den breiteren Fahrweg aufwärts bis zur Straße und zurück zur Aumühle.

Gehzeiten im Detail:

Aumühle – Mandling	1 ¼ Std.
Mandling – Stausee	¾ Std.
Stausee – Aumühle	½ Std.

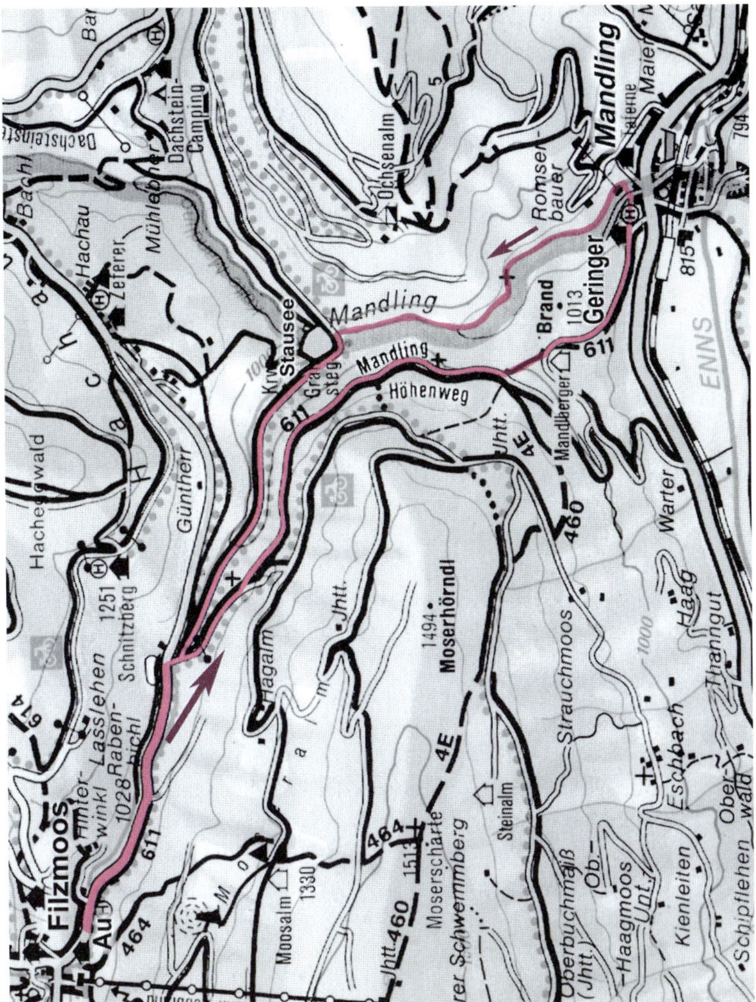

Ausschnitt aus KOMPASS-Wanderkarte Nr. 31, Lizensnr. 45-0504-L

12 Filzwiese – Schnitzberg

Gesamtgehzeit:	3 Std.
Schwierigkeitsgrad:	mittel
Höhenunterschied:	355 m
Talort:	Filzmoos (1055 m)
Ausgangspunkt:	Aumühle
Einkehrmöglichkeit:	Jausenstation Schnitzberg
Besonderes:	Herrliche Tour in das Hochmoor Filzwiese über Brettersteige

Tourbeschreibung:

Von der Fahrstraße zur Ortsmitte zweigt gleich hinter der Großbäckerei die Straße in Richtung Hallmoos nach rechts ab, der man bis zur Pension Hallmoos folgt. Direkt hinter dem Haus geht der Fußweg aufwärts, der mit Hallmoos Rundwanderweg bezeichnet ist. Diesen schmalen, steilen Pfad steigt man bergan, immer den rot-weißen Markierungen folgend. An der ersten Ruhebank nach links und am Ende des Anstiegs, 50 m hinter einer weiteren Ruhebank, nach rechts Richtung Bachlalm über Filzwiese (Weg 614) (Achtung: das Hinweisschild ist etwas versteckt). Der Weg führt, anfangs stärker steigend, in den Hochwald. Er kreuzt mehrmals die Fahrstraße nach Hachau. An der zweiten Überquerung die Straße ein kleines Stück nach rechts, dann wieder nach links den Waldpfad Richtung Bachlalm aufwärts. Mäßig ansteigend erreicht man die Filzwiese (Hochmoor ca. 1400 m). Das Moor wird auf einem Brettersteig überquert. Mitten im Moor stößt man auf einen weiteren Brettersteig. Nach links geht es zur Bachlalm. Man geht aber nach rechts Richtung Hachau. Am Ende des Stegs geradeaus den Waldpfad weiter bis zum nächsten breiteren Weg, den man nach rechts abwärts Richtung Schnitzberg/ Hachau nimmt. Dann nach links auf den breiten Forstweg, der zur Jausenstation Schnitzberg führt. Von dort aus geht man den Fahrweg bis zur Kehre wieder zurück, wo es geradeaus auf einem Waldweg Richtung Filzmoos geht. Er stößt auf eine Fahrstraße, auf der man weitergeht. Hinter dem ersten Ferienhaus (auf der rechten Seite) geht kurz hinter dem Waldrand ein Pfad nach links Richtung Filzmoos (Weg 614). Es ist der Weg, den man beim Aufstieg zur Filzwiese hochgegangen ist.

Besondere Hinweise:

Bei Nässe Rutschgefahr

Gehzeiten im Detail:

Filzmoos – Filzwiese	1 ½ Std.
Filzwiese – Jausenstation Schnitzberg	¾ Std.
Jausenstation Schnitzberg – Filzmoos	¾ Std.

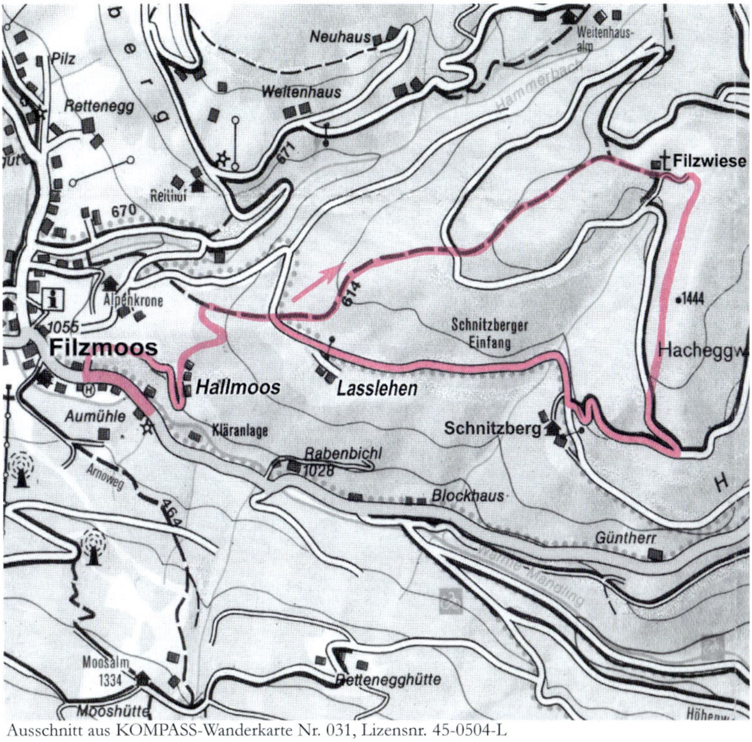

Ausschnitt aus KOMPASS-Wanderkarte Nr. 031, Lizensnr. 45-0504-L

13 Rossbrand (1770 m)

Gesamtgehzeit:	4 ¾ Std.
Schwierigkeitsgrad:	mittel
Höhenunterschied:	720 m
Talort:	Filzmoos (1055 m)
Ausgangspunkt:	Aumühle
Einkehrmöglichkeit:	Moosalm, Radstädter Hütte

Tourbeschreibung:

Man geht die Straße entlang Richtung Ortsmitte. Zwischen Hotel Alpenblick und dem Stromverteilerhaus führt der Weg über eine Holzbrücke Richtung Moosalm, wobei man links an der Papageno-Bahn vorbeigeht. Der Weg führt durch schönen Hochwald stetig steil bergan bis zur Moosalm. Von der Moosalm geht man über die Almwiese steil nach oben, dann ebenso steil im Wald weiter hoch (der Weg wird bei Regen zum Bach) bis zum Höhenweg (Bezeichnung 4E). Diesem folgt man nach rechts, immer leicht ansteigend. Es bieten sich herrliche Ausblicke nach beiden Seiten. Vom Parkplatz Roßbrand sind es noch 10 Minuten zur Radstädter Hütte (Gipfelkreuz).

Rückweg: Zuerst geht man wieder auf dem Höhenweg 4E Richtung Moosalm. Ca. 500 m nach Verlassen der Autostraße zweigt der Dr.-März-Weg (Nr. 463, etwas versteckter Einstieg) nach links ab. Diesem folgt man durch den schattigen Hochwald, bis man einen Forstweg erreicht, dem man talwärts bis nach Filzmoos folgt. Eine Alternative ist der Abstieg über die Karalm. Der Weg führt vom Roßbrand talwärts an der Karalm vorbei bis zur Straße nach Eben. Parallel zur Straße geht man auf dem Wanderweg zurück nach Filzmoos.

Gehzeiten im Detail:

Filzmoos – Moosalm	1 Std.
Moosalm – Roßbrand	1 ¾ Std.
Roßbrand – Dr.-März-Weg – Filzmoos	2 Std.

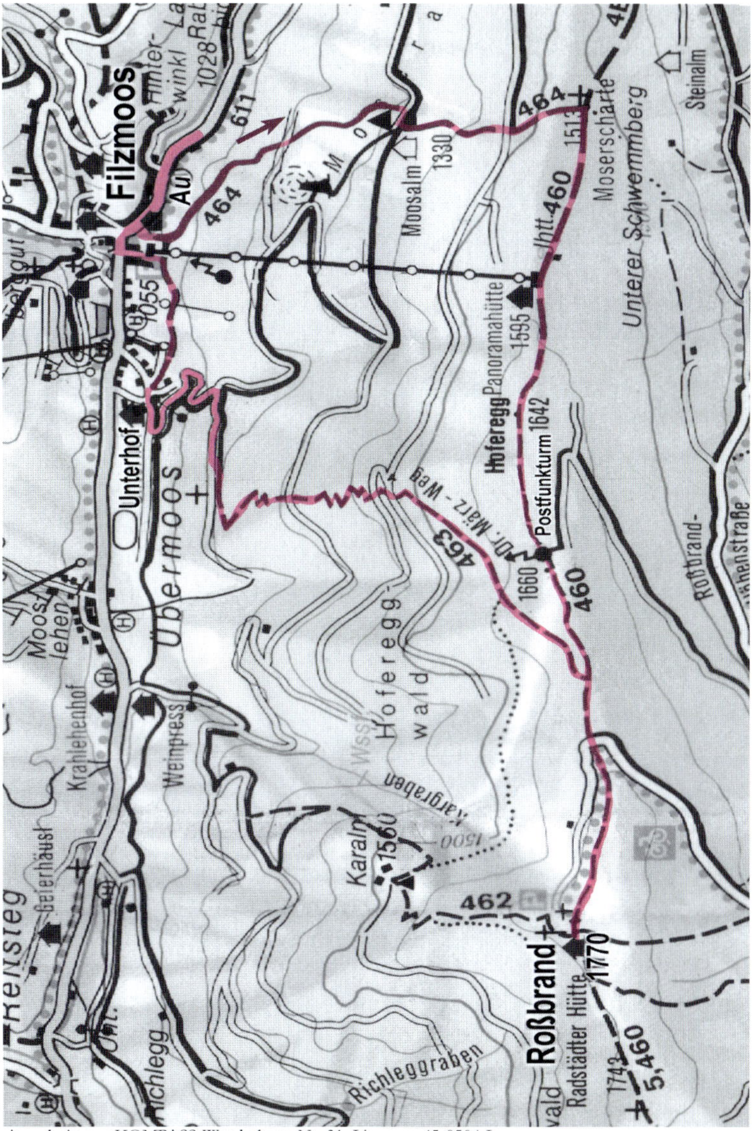

Ausschnitt aus KOMPASS-Wanderkarte Nr. 31, Lizensnr. 45-0504-L

14 Nestlerriedel – Bachlalm

Gesamtgehzeit:	4 ½ Std.
Schwierigkeitsgrad:	mittel
Höhenunterschied:	ca. 750 m
Talort:	Filzmoos (1055 m)
Ausgangspunkt:	Aumühle
Einkehrmöglichkeit:	Weitenhausalm, Bachlalm
Besonderes:	Bei Nässe ist der Rückweg von der Bachlalm sehr glatt

Tourbeschreibung:

Von der Aumühle geht man entlang der Straße zum Ortskern. Direkt hinter der Brücke biegt man auf die Straße Richtung Reithof. Am Gästehaus Herrmann geht man a) die Straße geradeaus hoch oder b) nach links auf den Fußweg Oberberg (steil von Gästehaus Herrmann bis Reithof ½ km). Vorm Reithof geht es rechts ab Richtung Weitenhausalm/Bachlalm. Nach einigen Minuten zweigt ein Weg nach rechts unten ab, der durch ein Gatter Richtung „Weitenhausalm"(Wanderweg rot/weiß) führt. Kurz darauf geht der Weg nach links hoch und nach 20 m im Bachbett nach rechts oben (Kennzeichnung fehlt teilweise). Diesen Wanderweg weitergehen. Über eine Almwiese geht man weiter auf den Rötelstein zu. Links am Ende der Wiese liegt die Weitenhaus-Nösslau-Alm. Gleich hinter der Weitenhausalm nach links oben Richtung Nestlerriedel/Bachlalm. Am nächsten Abzweig nach links weiter bergauf Richtung Bachlalm, nicht Hachau/Bachlalm. Der höchste Punkt ist der Nestlerriedel (1645 m). (Aussicht auf Schladminger Tauern, Dachsteinsüdwand). Am Abzweig nach links zur Bachlalm (Schild an Baumrückseite). Von Bachlalm den Hinweg wieder ein Stück zurück Richtung Nestlerriedel. An der Wiese geradeaus über Filzwiese-Filzmoos (Weg 614). Der Weg geht auf gleicher Höhe am Berghang entlang. Trittsicherheit auf Wurzeln erforderlich (Heidelbeer- und Himbeerfelder). Am Fahrweg diesem 300 m nach unten folgen, an der Biegung nach rechts Richtung Abzweigung Filzmoos.

Nach einigen Minuten (hinter Himbeer- und Heidelbeerfeldern) vor dem Drehkreuz nach links Richtung Filzwiese-Filzmoos abbiegen. In der Wiese rechts nach Filzmoos. Geradeaus geht es abwärts (2x den Fahrweg überqueren) bis zur Abzweigung Hallmoos-Rundwanderweg (Schild an der Hinterseite des Baums). Diesem Weg nach links folgen.
Bei Nässe geht man ab Bachlalm über den Fahrweg zurück nach Filzmoos.

Gehzeiten im Detail:

Aumühle – Weitenhausalm	1 ¼ Std.
Weitenhausalm – Nestlerriedel	½ Std.
Nestlerriedel – Bachlalm	¾ Std.
Bachlalm – Filzmoos	2 Std.

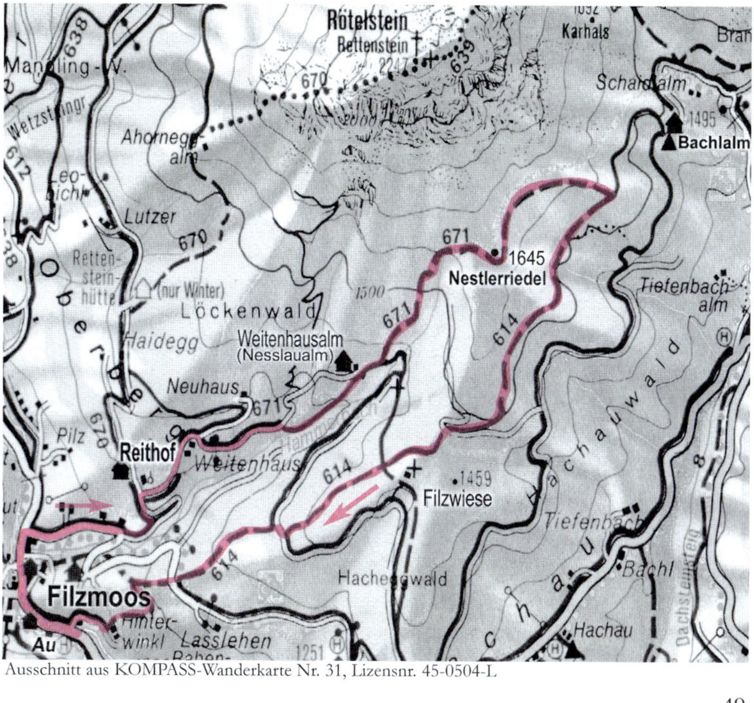

Ausschnitt aus KOMPASS-Wanderkarte Nr. 31, Lizensnr. 45-0504-L

15 Über den Marcheggsattel (1222 m)

Gesamtgehzeit:	5 Std.
Schwierigkeitsgrad:	mittel
Höhenunterschied:	ca. 480 m
Talort:	Filzmoos (1055 m)
Ausgangspunkt:	Aumühle
Einkehrmöglichkeit:	Kleinbergalm

Tourbeschreibung:

Direkt hinter dem Hotel Bischofsmütze rechts den Kreuzweg hoch steigen. Vor den ersten Häusern nach rechts und weiter aufwärts auf dem Fahrweg. An der Straße nach rechts zur Hofpürglhütte. In einer Kurve geht ein Pfad nach rechts durch den Zaun in den Wald (Richtung Hofalmen über Jägersteig), dem man bergauf folgt, bis er auf eine Forststraße trifft. Diese geht man nach rechts, immer leicht bergab bis an die Mautstraße welcher man nach links hoch folgt und nach 100 m den Marcheggsattel erreicht, an der Weggabelung gehts nach rechts zur Aualm. Man geht aber die Forststraße geradeaus Richtung Neuberg (nicht nach links in den Wald zur Schwarzen Lacke). Der Forstweg führt auf etwa gleicher Höhe um den Berg. Unzählige Bäche kreuzen den Weg, der von Farnwäldern und Moosteppichen begleitet wird. Immer wieder hat man eine großartige Aussicht auf Bischofsmütze, Dachstein, Gerzkopf, einmal sogar bis zu den Hohen Tauern. An der nächsten Abzweigung geht man nach links bergauf Richtung Schwaigalmhütte, dann Richtung Schwarze Lacke. Der Weg steigt erst mäßig, dann leicht an. Man biegt an der Abzweigung zur Schwarzen Lacke nach rechts ab, die nach kurzer Zeit erreicht ist. An der Schwarzen Lacke geht man nach links Richtung Filzmoos über Kleinbergalm. Hinter der Kleinbergalm bleibt man nicht auf dem Forstweg, sondern geht geradeaus in den Wald Richtung Aualm/Hofpürglhütte. Über Wurzelwerk führt der Pfad steil bergab bis zum Forstweg, den man nach rechts geht. Nach 100 m beginnt links der Waldpfad nach Filzmoos, auch Arnoweg genannt. Er trifft auf eine Straße, die man nach links abwärts geht.. Am Haus Bergheim geht man den steilen Steig hinunter (Fußweg Filzmoos steil), den man am Anfang heraufgekommen ist, bis zum Hotel Bischofsmütze.

Gehzeiten im Detail:

Aumühle – Marcheggsattel	1 ¾ Std.
Marcheggsattel – Schwarze Lacke	2 Std.
Schwarze Lacke – Filzmoos	1 ¼ Std.

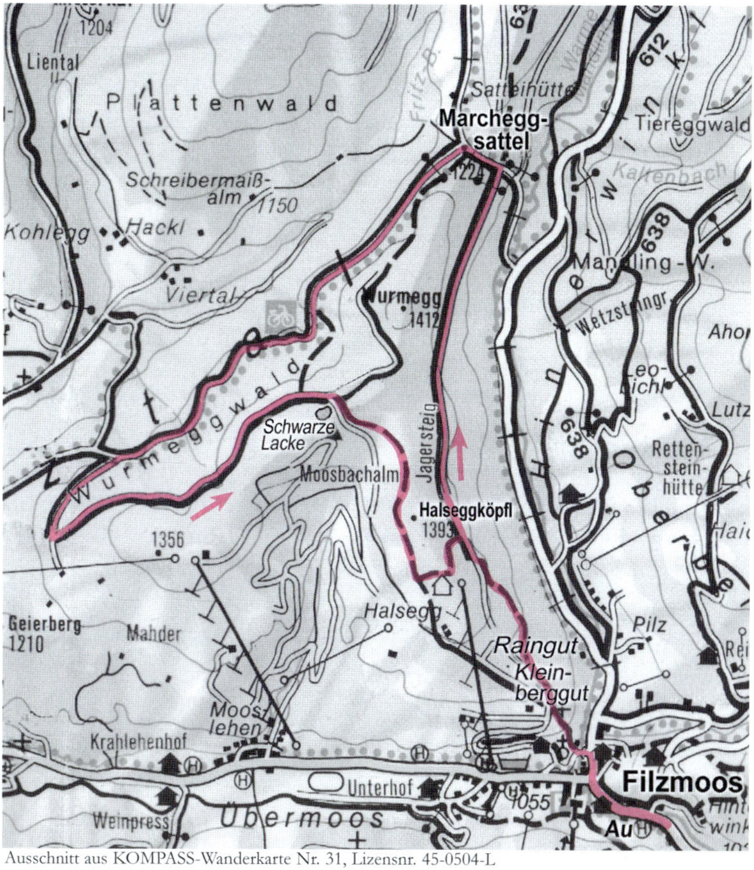

Ausschnitt aus KOMPASS-Wanderkarte Nr. 31, Lizensnr. 45-0504-L

16 Sulzenalm über Leopichl

Gesamtgehzeit:	4 ½ Std.
Schwierigkeitsgrad:	mittel
Höhenunterschied:	ca. 600 m
Talort:	Filzmoos (1055 m)
Ausgangspunkt:	Aumühle
Einkehrmöglichkeit:	Sulzenalm (Wallehenhütte)

Tourbeschreibung:

Man geht auf dem Wanderweg zur Hofalm (Tour 2) bis zum Wallehengut. Kurz davor führt die Fahrstraße steil nach rechts oben Richtung Leopichl/Sulzenalm. Dieser folgt man aufwärts. Beim Leopichl geht man zwischen den Häusern durch, durch das Gatter und auf den Waldweg. Der Weg geht erst eben, dann mäßig ansteigend zum Sauer-Eck (Blick auf Bischofsmütze und Aualm). Von da geht es ziemlich steil bis zum Fahrweg, der vom Reithof heraufkommt (Tour 19). Hier biegt man links ab auf den Weg 638, Richtung Sulzenalm. Der zuerst breite Fahrweg geht etwa auf gleicher Höhe, wird dann schmaler und steiniger und steigt an. Hinter dem Zaundurchgang der Sulzenalm wird der Weg zum Pfad, der weiter ansteigend, an einer mehrere hundert Jahre alten Lärche vorbeiführt. Dieser Weg stößt auf den von der Hofalm heraufkommenden Fahrweg. Diesem folgt man bergauf bis zur Wallehenhütte.
Rückweg: Es gibt verschiedene Möglichkeiten: 1. Derselbe Weg wie der Hinweg. 2. Über den Reithof wie in Tour 19 beschrieben. 3. Abstieg von Sulzenalm auf direktem Weg zur Hofalm. Hinter der Löckenwaldhütte geht man nach rechts über Almgelände, dann steil abwärts auf dem Waldpfad bis zur Oberhofalm. Von der Oberhofalm nimmt man den in Tour 2 beschriebenen Rückweg nach Filzmoos.

Gehzeiten im Detail:

Aumühle – Leopichl	1 Std.
Leopichl – Sulzenalm	1 ¼ Std.
Sulzenalm – Hofalm	¾ Std.
Oberhofalm – Filzmoos	1 ½ Std.

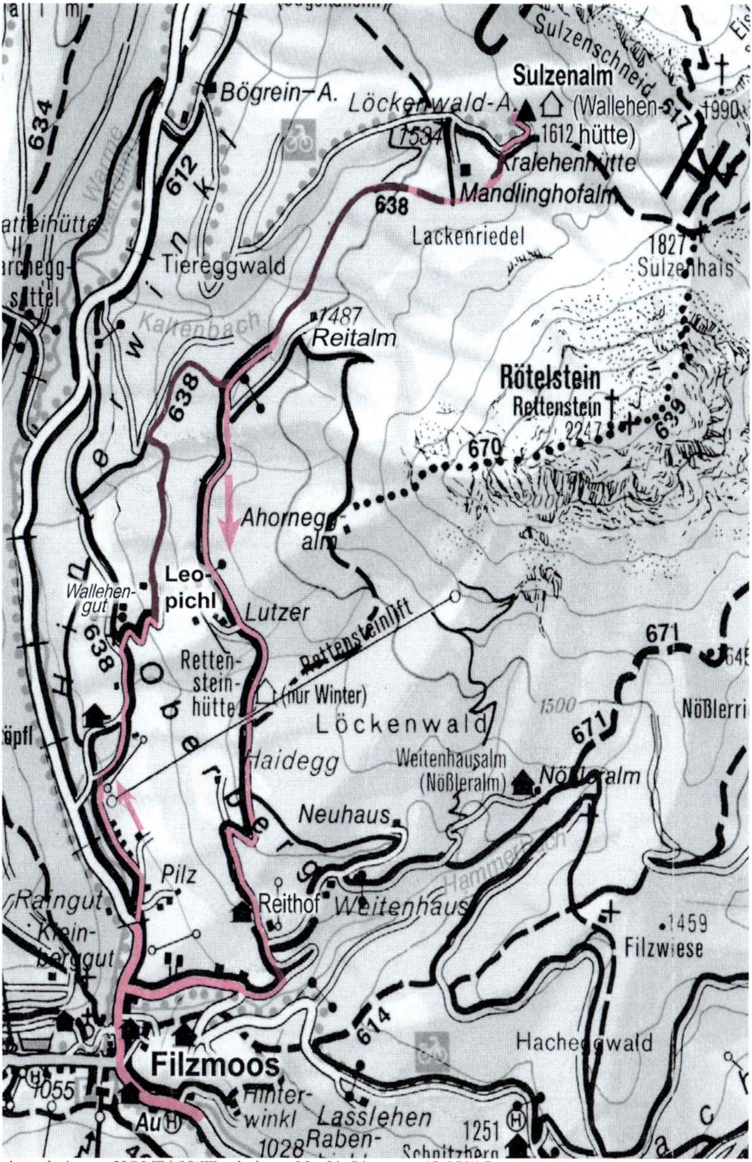

Ausschnitt aus KOMPASS-Wanderkarte Nr. 31, Lizensnr. 45-0504-L

17 Rund um den Rötelstein

Gesamtgehzeit: 6 Std.
Schwierigkeitsgrad: schwer (wegen der Streckenlänge)
Höhenunterschied: 840 m
Talort: Filzmoos (1055 m)
Ausgangspunkt: Aumühle
Einkehrmöglichkeit: Bachlalm, Sulzenalm

Tourbeschreibung:

Von der Fahrstraße zur Ortsmitte zweigt gleich hinter der Großbäckerei Sieferer die Straße in Richtung Hallmoos nach rechts ab, der man aufwärts bis zum Ende an der Pension Hallmoos folgt. Direkt hinter dem Haus geht der Fußweg aufwärts, der mit „Hallmoos Rundwanderweg" bezeichnet ist. Diesen schmalen, steilen Pfad steigt man bergan, immer den rot-weißen Markierungen folgend. An der ersten Ruhebank nach links und am Ende des Anstiegs, ca. 50 m hinter einer weiteren Ruhebank, nach rechts Richtung Bachlalm über Filzwiese (Weg 614/Achtung: das Hinweisschild ist etwas versteckt). Der Weg führt, am Anfang etwas stärker steigend, den Hochwald hinauf. Er kreuzt mehrmals die Fahrstraße nach Hachau. An der zweiten Überquerung die Straße ein kleines Stück nach rechts, dann wieder nach links den Waldpfad Richtung Bachlalm aufwärts. Mäßig ansteigend erreicht man die Filzwiese (Hochmoor). Das Moor wird auf einem Brettersteig überquert. Mitten im Moor stößt man auf einen weiteren Brettersteig. Dort nach links zur Bachlalm. Hinter der Filzwiese geht man den Forstweg bergan und kurz darauf nach links auf den steilen Pfad, der teilweise zugewachsen ist und weiter auf dem romantischen Hangweg (Trittsicherheit, steiler Abhang) zur Bachlalm. Von dort geht man etwas nach unten zum Weg 614, der nach links steil bergauf Richtung Tor und Sulzenhals führt. Am nächsten Abzweig verlässt man den Weg 614 und folgt, im meist freien Gelände, dem Pfad zum Sulzenhals (1826 m), der höchsten Stelle der Tour. Der Abstieg zur Sulzenalm ist steil. Hinter der Sulzenalm zweigt nach links der Pfad Richtung Filzmoos ab, der dann in einen Fahrweg übergeht. Dieser führt an der Rettensteinhütte vorbei. Dahinter geht man einen Weg nach rechts hinunter, eine Abkürzung, mit der 2 Kehren der Straße eingespart werden. Nach 200 m, am Stützlhof, durch das Drehkreuz nach links und weiter auf der Straße, die am Reithof vorbei, zurück nach Filzmoos führt.

Besondere Hinweise:

Bei Nässe Rutschgefahr im Wald. Heidelbeeren bis Bachlalm

Gehzeiten im Detail:

Filzmoos – Filzwiese – Bachlalm	2 ½ Std.
Bachlalm – Sulzenalm	1 ½ Std.
Sulzenalm – Filzmoos	2 Std.

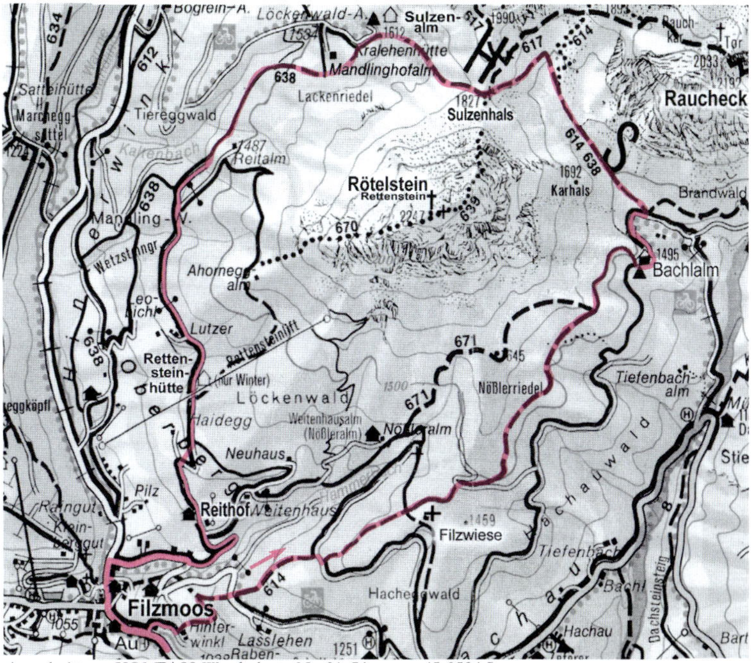

Ausschnitt aus KOMPASS-Wanderkarte Nr. 31, Lizensnr. 45-0504-L

18 MITTLERER ALMSEE-RUNDWEG

Gesamtgehzeit:	1 Std.
Schwierigkeitsgrad:	leicht
Höhenunterschied:	ca. 50 m
Anfahrt:	Filzmoos-Hoferalmstraße-Hofalmen
Anfahrtstrecke:	6 km / 20 Min.
Talort:	Filzmoos (1055 m)
Ausgangspunkt:	Unterhofalm (1268 m)
Einkehrmöglichkeit:	Unterhofalm, Oberhofalm
Besonderes:	Auch wenn die Tour als leicht bezeichnet wird, ist vor allem im Wald, wegen Wurzeln und Steinen, Trittsicherheit erforderlich

Tourbeschreibung:

Von der Unterhofalm (oberes Gasthaus) kommend, geht man links am See vorbei, über den Steg und den Pfad weiter. Nach 100 m kommt man am Malerwinkel vorbei auf den Fahrweg. Diesen geht man nach links hoch (Mittlerer Almsee Rundweg). Bergauf geradeaus durch das Gatter (Bezeichnungen Mittlerer Almsee Rundweg, Zum Linzer Weg). Hinter dem nächsten Gatter, wenn man den Berghang erreicht hat, über den der Weg zum Rinderfeld und zum Linzer Weg verläuft, wendet man sich nach links und geht ein Stück parallel zum Zaun. 50 m weiter geht man nach links durch den Zaundurchgang und folgt der rot/weißen Markierung. Jetzt führt ein romantischer, aber steiniger und wurzelreicher Weg (Vorsicht!) leicht bergab. Man überquert ein im Sommer ausgetrocknetes Bachbett auf einem schmalen Holzsteg (Vorsicht!) und erreicht dann die Almwiese oberhalb des Almsees. Der Weg ist hier spärlich markiert (Fußweg zum Almsee) und geht direkt auf den Almsee zu. Von dort aus geht man am See entlang zurück zur Unterhofalm.

Gehzeiten im Detail:

Unterhofalm – Almsee-Rundweg – Unterhofalm	1 Std.
Rundweg ab Almsee bis Almsee	½ Std.

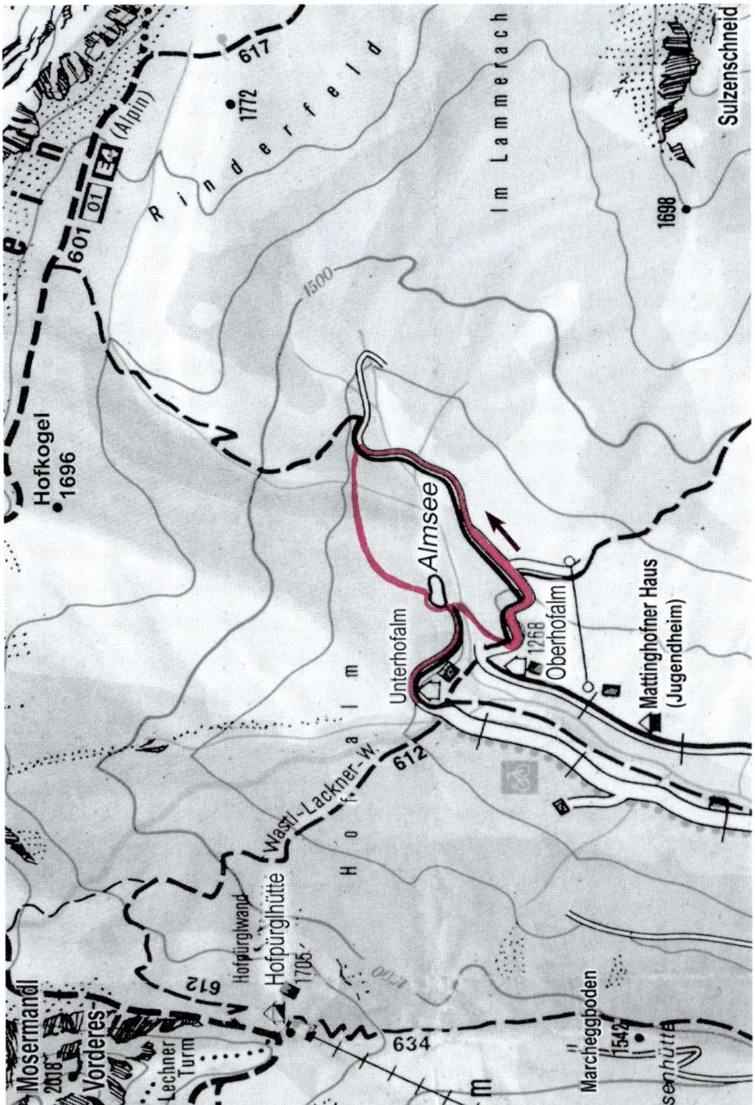

Ausschnitt aus KOMPASS-Wanderkarte Nr. 031, Lizensnr. 45-0504-L

19 SULZENALM – EISKARLSCHNEID (1990 M)

Gesamtgehzeit:	4 ½ Std.
Schwierigkeitsgrad:	leicht bis Sulzenalm, mittel bis Eiskarlschneid
Höhenunterschied:	790 m
Talort:	Filzmoos (1055 m)
Ausgangspunkt:	Parkplatz ehemaliger Rettensteinlift/Mittelstation, Rettensteinhütte (1200 m)
Anfahrt:	Filzmoos-Reithof-Parkplatz an der Rettensteinhütte
Anfahrtstrecke:	5 km / 15 Min.
Einkehrmöglichkeit:	Sulzenalm, (Wallehenhütte)
Besonderes:	In Filzmoos Richtung Mautstraße, hinter der 1. Brücke rechts Richtung Reithof. Dieser Straße folgen. Sie führt, rechts am Gasthof Reithof vorbei, direkt zum Parkplatz

Tourbeschreibung:

Vom Parkplatz aus geht man die Fahrstraße weiter, die dann in einen schönen Waldweg übergeht. Dieser Weg (Nr. 638) führt direkt zur Sulzenalm. Von der Sulzenalm zur Eiskarlschneid ist der Weg steinig und steil. Zuerst geht es zum Sulzenhals, wo der Weg zur Eiskarlschneid nach links abzweigt. Geradeaus geht es zur Bachlalm, nach rechts beginnt der Aufstieg zum Rötelstein. Am Kreuz der Eiskarlschneid kann gerastet werden. Man hat einen herrlichen Blick zur Bischofsmütze, zum Rötelstein und zum Dachsteinmassiv.

Der Rückweg ist derselbe wie der Hinweg.

Gehzeiten im Detail:

Parkplatz – Sulzenalm	1 ½ Std.
Sulzenalm – Sulzenhals	½ Std.
Sulzenhals – Eiskarlschneid	½ Std.
Eiskarlschneid – Sulzenalm	¾ Std.
Sulzenalm – Parkplatz	1 ¼ Std.

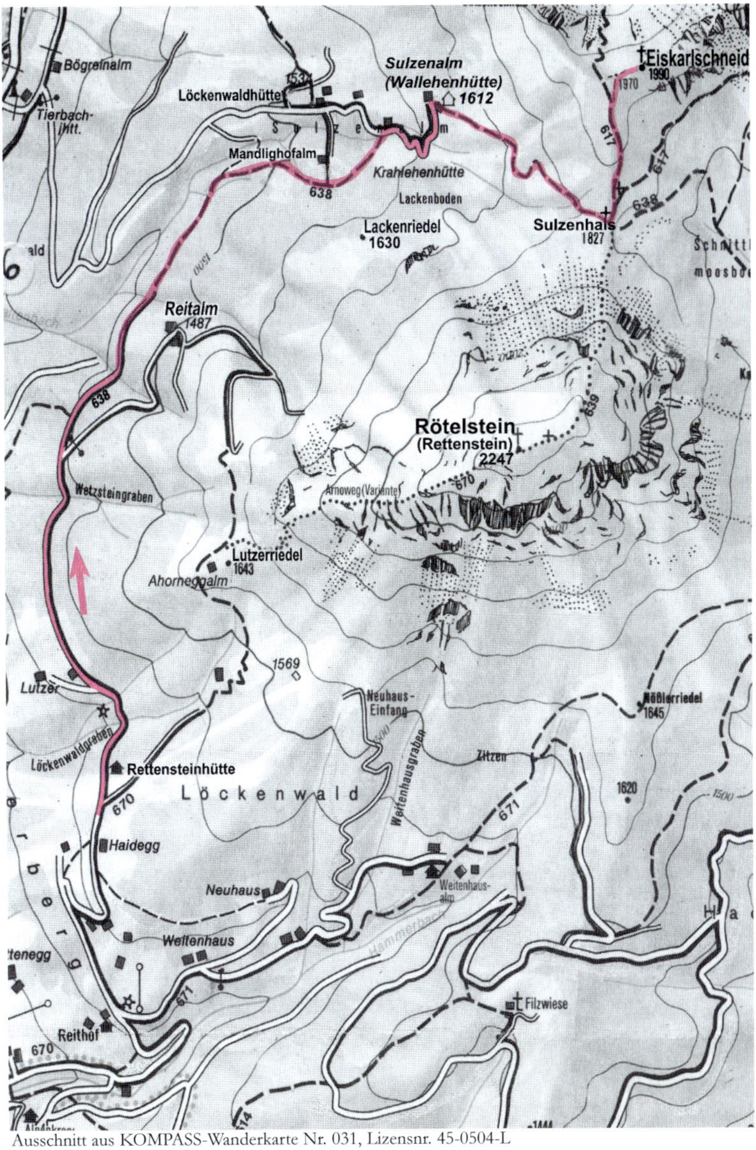

Ausschnitt aus KOMPASS-Wanderkarte Nr. 031, Lizensnr. 45-0504-L

20 RINDERFELD (1630 M)

Gesamtgehzeit:	3 ½ Std.
Schwierigkeitsgrad:	mittel
Höhenunterschied:	450 m
Talort:	Filzmoos (1055 m)
Ausgangspunkt:	Oberhofalm (1268 m)
Anfahrt:	Filzmoos-Hoferalmstraße (Mautstraße)-Oberhofalm
Anfahrtstrecke:	6 km / 20 Min.
Einkehrmöglichkeit:	Oberhofalm, Unterhofalm (bei Tourenverlängerung: Hofpürglhütte)

Tourbeschreibung:

Von der Oberhofalm geht man den Fahrweg Richtung Linzer Steig (auch als Linzer Weg bezeichnet) ca. 20 Min. sanft steigend bis zum Abzweig nach links (Schild Linzer Steig). Von hier aus geht es mühsam, stark ansteigend ca. 1 Std. auf dem rot markierten Pfad bergauf bis zum ersten Almkessel, einer wunderbar romantischen Wiese, durch die ein Bachlauf führt. Der Weg dorthin ist steinig und mit Wurzeln durchsetzt. Danach geht es weiter mäßig steigend zu den Hochalmwiesen bis zur Einmündung auf den Linzer Weg. Man befindet sich jetzt am linken Rand des Rinderfelds, das sich nach Osten ausdehnt und ist am höchsten Punkt der Wanderung angekommmen. Von hier aus nimmt man denselben Weg zurück zur Oberhofalm.

Besondere Hinweise:

Bei nassem Wetter nicht empfehlenswert, da sehr rutschig. Die Tour kann als Rundweg fortgesetzt werden. In östliche Richtung über Eiskarlschneid und Sulzenalm (Gesamtgehzeit 5 ¼ Std.), in westliche Richtung über die Hofpürglhütte zum Ausgangspunkt an der Oberhofalm (Gesamtgehzeit 4 Std.). Hier sind Ausdauer und Trittsicherheit erforderlich, da einige Passagen mit Drahtseilsicherungen überwunden werden müssen.

Gehzeiten im Detail:

Oberhofalm – Rinderfeld	2 Std.
Rinderfeld – Oberhofalm	1 ½ Std.
Rinderfeld – Hofpürglhütte	1 ¼ Std.
Hofpürglhütte – Oberhofalm	¾ Std.
Rinderfeld – Eiskarlschneid	1 ¾ Std.
Eiskarlschneid – Oberhofalm	1 ½ Std.

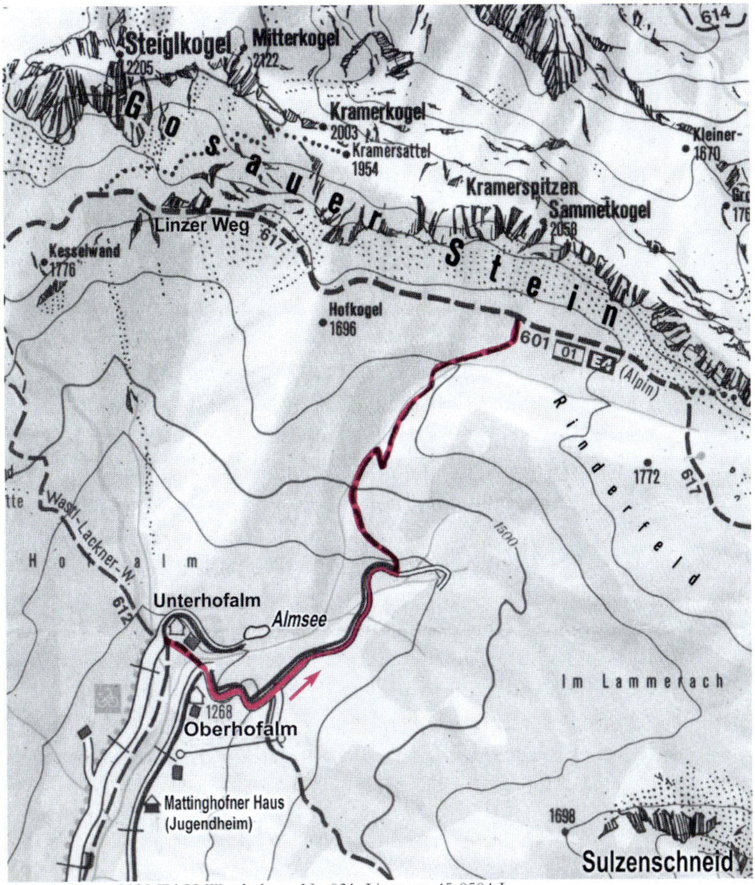

Ausschnitt aus KOMPASS-Wanderkarte Nr. 031, Lizensnr. 45-0504-L

21 Hofpürglhütte – Steiglpass (2018 m)

Gesamtgehzeit:	4 ½ Std.
Schwierigkeitsgrad:	mittelschwer
Höhenunterschied:	750 m
Talort:	Filzmoos (1055 m)
Ausgangspunkt:	Unterhofalm (1268 m)
Anfahrt:	Filzmoos-Hoferalmstraße (Mautstraße)-Unterhofalm
Anfahrtstrecke:	6 km / 20 Min.
Einkehrmöglichkeit:	Hofpürglhütte, Unterhofalm, Oberhofalm

Tourbeschreibung:

Am Parkplatz der Unterhofalm beginnt der Aufstieg zur Hofpürglhütte hinter einem Holzgatter im Weidezaun auf dem Weg 612 (Wastl-Lackner-Weg). Der Pfad überquert kurz darauf den Graben mit dem im Sommer sehr spärlichen Bach und geht erst über flaches Almgelände, dann steiler ansteigend rechts der Pürglwände stetig empor zur Hütte. Von der Hofpürglhütte aus geht es weiter auf dem Weg 612 (gleichzeitig Weg 601 – Linzer Weg) Richtung Steiglpaß, fast gerade am Hang entlang bis an dem nach links aufsteigenden Kessel unterhalb der Bischofsmütze, in den bei den Felsstürzen 1992/93 die Gesteinsmassen von der Bischofsmütze hineingestürzt sind. Dort zweigt der Weg 612 nach links zum Steiglpaß ab und führt ziemlich steil, zunächst gerade, dann in vielen Kehren zum Pass. Von dort hat man eine großartige Aussicht auf die Bischofsmütze, den Rötelstein, den Roßbrand und die Schladminger Tauern. Etwas nach rechts oben findet man einen herrlichen Rastplatz. Der Rückweg ist derselbe wie der Hinweg.

Besondere Hinweise:

Trittsicherheit und Ausdauer sind erforderlich. Es müssen auf relativ kurzer Wegstrecke große Höhenunterschiede bewältigt werden.

Gehzeiten im Detail:

Unterhofalm – Hofpürglhütte	1 ¼ Std.
Hofpürglhütte – Steiglpaß	1 ½ Std.
Steiglpaß – Hofpürglhütte	1 Std.
Hofpürglhütte – Unterhofalm	¾ Std.

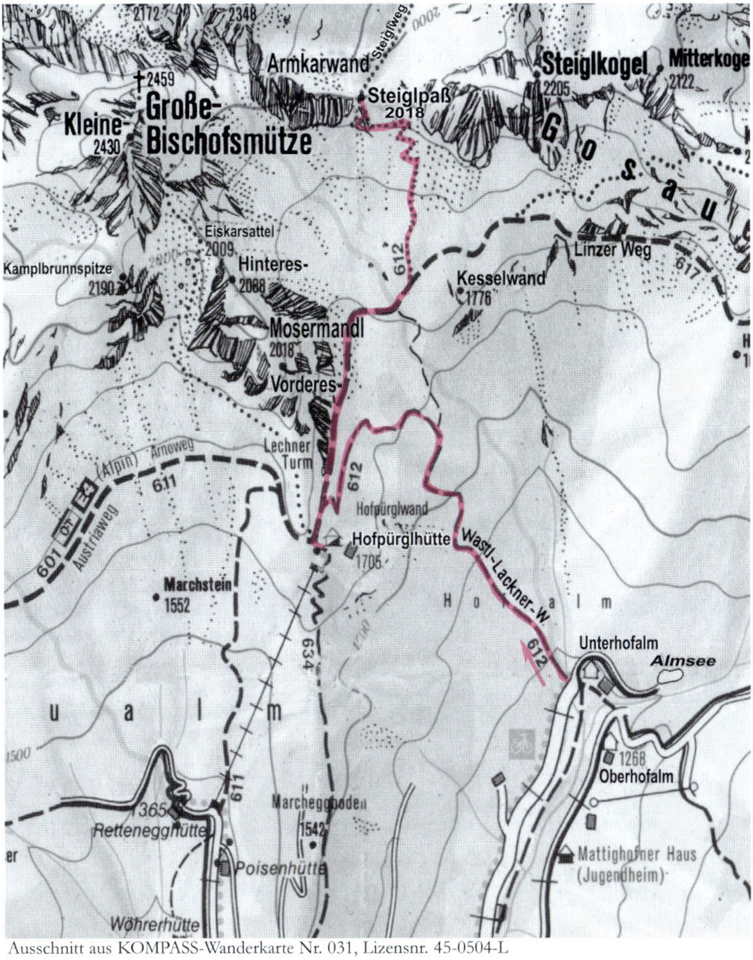

Ausschnitt aus KOMPASS-Wanderkarte Nr. 031, Lizensnr. 45-0504-L

22 Abstieg Hofpürglhütte – Filzmoos über Jägersteig

Gesamtgehzeit:	2 ½ Std. (als Rundtour 3 ¼ bis 5 ½ Std.)
Schwierigkeitsgrad:	mittel
Höhenunterschied:	650 m
Talort:	Filzmoos (1055 m)
Ausgangspunkt:	Hofpürglhütte (1705 m)
Anfahrt:	Filzmoos-Hoferalmstraße (Mautstraße)-Unterhofalm
Anfahrtstrecke:	6 km / 20 Min.
Einkehrmöglichkeit:	Hofpürglhütte
Besonderes:	Die Tour beginnt nach dem Aufstieg zur Hofpürglhütte (Teil der Tour 21, 1 ¼ Std.)

Tourbeschreibung:

Hinter der Hofpürglhütte beginnt der Weg 634, über den Marcheggsattel nach Filzmoos. Nach ca. ¼ Std. mittelschwerem Abstieg wird der Weg leicht und führt sehr romantisch durch herrlichen Wald mit teilweise altem Baumbestand zum Marcheggsattel (1224 m). Man hat wundervolle Ausblicke auf Filzmoos und die Sulzenalm. Vom Marcheggsattel kann man entweder der Mautstraße abwärts folgen bis nach Filzmoos oder man geht den bisher gelaufenen Weg geradeaus weiter (Jägersteig) und erreicht durch Hochwald das Kleinberggut, von wo aus man nach links über den Kalvarienberg oder geradeaus über die Fahrstraße nach Filzmoos gelangt.

Besondere Hinweise:

Die Tour kann als Rundweg gelaufen werden.

Variante 1: ohne Auto von Filzmoos aus: Tour 2 Almsee/Hofalm) ½ Std., dann Tour 21 (Hofpürglhütte) 1 ¼ Std. = Filzmoos-Hofpürglhütte ca. 3 Std.

Variante 2: mit Auto bis Unterhofalm: Tour 21 (Hofpürglhütte) 1 ¼ Std. Ab Marcheggsattel, wie oben beschrieben, die Mautstraße abwärts bis Abzweigung zur Unterhofalm und nach links die Mautstraße bis zur Unterhofalm.

Gehzeiten im Detail:

Filzmoos – Hofpürglhütte
(ohne Auto) 3 Std.

Unterhofalm – Hofpürgl-
hütte 1 ¼ Std.

Hofpürglhütte – Filzmoos
2 ½ Std.

Hofpürglhütte – Marchegg-
sattel – Unterhofalm 2 Std

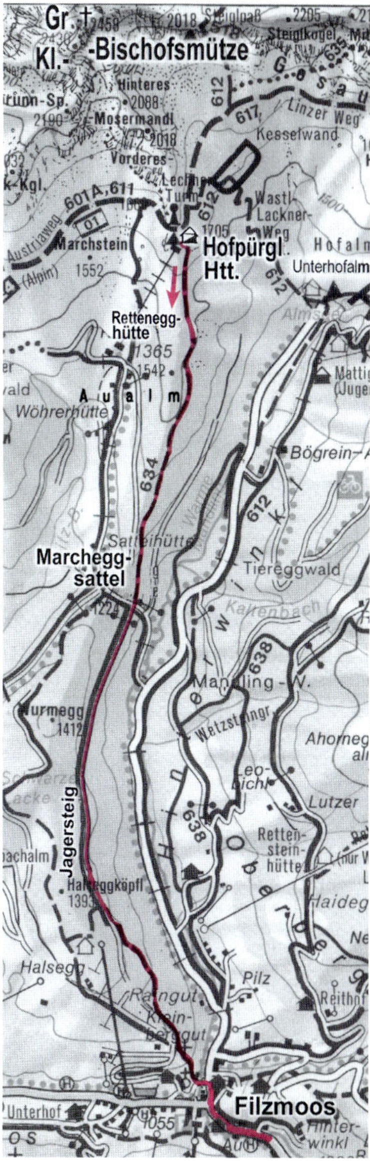

Ausschnitt aus KOMPASS-Wanderkarte Nr. 31, Lizensnr. 45-0504-L

23 Kramersattel (1954 m)

Gesamtgehzeit:	4 ¼ Std.
Schwierigkeitsgrad:	mittel-schwer
Höhenunterschied:	ca. 800 m
Anfahrt:	Filzmoos-Hoferalmstraße-Unterhofalm
Anfahrtstrecke:	6 km / 20 Min.
Talort:	Filzmoos (1055 m)
Ausgangspunkt:	Unterhofalm (1268 m)
Einkehrmöglichkeit:	Hofpürglhütte, Oberhofalm, Unterhofalm
Besonderes:	Nur für Bergwanderer, die sich im unmarkierten Gelände zurechtfinden. Gehen auf eigene Gefahr!

Tourbeschreibung:

Tourbeginn wie Steiglpaß (Tour 21). Wenn man nicht in der Hofpürglhütte einkehren will, wendet man sich nach rechts auf den Weg 601 (Linzer Weg). An der Abzweigung Steiglpaß weitergehen Richtung Adamekhütte. Nach 10 Minuten zweigt direkt hinter einer Rinne ein deutlich erkennbarer, aber nicht neu markierter Pfad (alte blaue Markierungen nur schwach) nach links ab. Diesem folgt man bis zum Kramersattel. Er quert einige Rinnen, wo Trittsicherheit erforderlich ist. Vor einem Hügel führt der Weg nach links um diesen herum, quert dann eine weitere Rinne, zu der er sich dann parallel nach oben wendet, wo er nach ca. 150 m, schlecht erkennbar, nach rechts die nächste Rinne überquert. Dort geht man ein kurzes Stück über Wiesenboden, dann wieder über Fels nach oben. Kurz darauf passiert man, links weitergehend, einen turmartigen Fels, auf dessen Höhe sich der Weg nach links oben wendet. Er führt steinig im Wiesengelände nach oben und wendet sich auf fast ebenem Wiesengelände nach rechts Richtung Dachstein. Gleich darauf erreicht man den Kramersattel. Von dort hat man einen schönen Blick auf das Hofalmgebiet, den Roßbrand, den Rötelstein, die Niederen Tauern, die Bischofsmützen und, bei klarem Wetter, auf die Hohen Tauern. Geht man noch ein Stück weiter in die sich anschließende Senke, hat man von deren Nordrand einen schönen Blick auf den hinteren Gosausee, den kleinen Gosaugletscher und die Adamekhütte. Man geht denselben Weg wieder zurück. Am Abzweig Linzer Weg (601) diesen nach links. Über Felsblöcke, Schutt und Geröll in leichtem Auf und Ab nach unten (Trittsicherheit erforderlich). An der Abzweigung geht man nach rechts Richtung Hofalm/Filzmoos. Über den Kaserboden (am Rand des Rinderfelds entlang) und dann steil nach unten zur Hofalm. Auch der Rückweg über die Hofpürglhütte ist möglich.

Gehzeiten im Detail:

Hofalm – Hofpürglhütte	1 Std.
Hofpürglhütte – Abzweig	½ Std.
Abzweig – Kramersattel	¾ Std.
Kramersattel – Abzweig Linzer Weg	½ Std.
Abzweig Linzer Weg – Abzweig Rinderfeld	¾ Std.
Abzweig Rinderfeld – Hofalm	¾ Std.

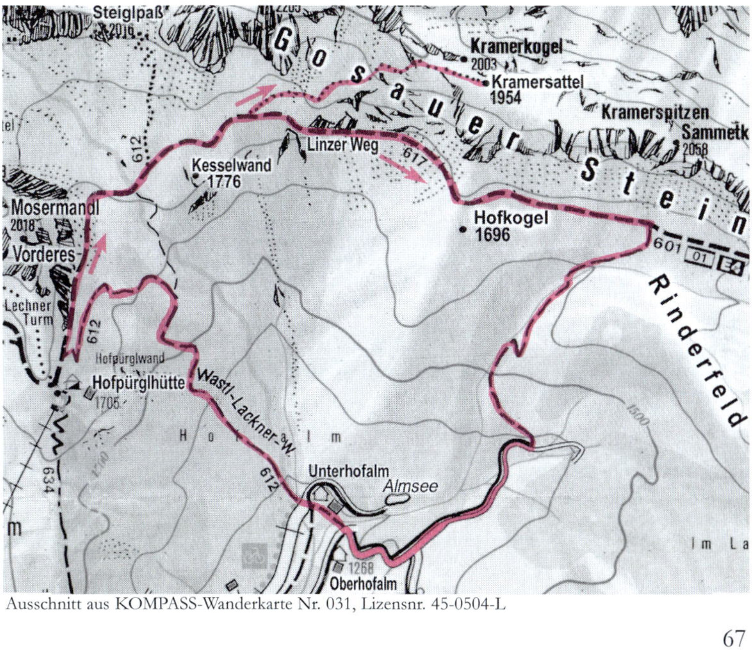

Ausschnitt aus KOMPASS-Wanderkarte Nr. 031, Lizensnr. 45-0504-L

24 Linzer Weg

Gesamtgehzeit:	5 ¾ Std.
Schwierigkeitsgrad:	schwer
Höhenunterschied:	800 m
Talort:	Filzmoos (1055 m)
Ausgangspunkt:	Oberhofalm (1268 m)
Anfahrt:	Filzmoos-Hoferalmstraße (Mautstraße)-Oberhofalm
Anfahrtstrecke:	6 km / 20 Min.
Einkehrmöglichkeit:	Oberhofalm, Unterhofalm, Sulzenalm, Hofpürglhütte

Tourbeschreibung:

Von der Oberhofalm führt ein breiter Weg nach rechts, wo am Ende der eingezäunten Almwiese (nach ca. 150 m) der anfangs steile Weg zur Sulzenalm abzweigt. Von der Sulzenalm (1534 m) steigt man weiter steil aufwärts zum Sulzenhals (1826 m) und von dort weiter zur Eiskarlschneid (1990 m mit Gipfelkreuz). Man folgt dem Weg Nr. 617, ohne direkt zum Gipfelkreuz zu gehen, nach links Richtung Hofpürglhütte. Der Weg führt zuerst etwas nach unten und geht dann über das Rinderfeld, wo er auf den Weg Nr. 601 stößt, der als Linzer Weg (oder Linzer Steig) bezeichnet wird. Diesem folgt man weiter. Nicht weit dahinter besteht die Möglichkeit, direkt zu den Hofalmen abzusteigen. Der geradeaus weiterführende Linzer Weg wird jetzt sehr schmal und man geht, sich streckenweise an Drahtseilen festhaltend, an der Felswand entlang. Auf dem gesamten Weg hat man die imposante Bischofsmütze im Blick, was den Reiz dieser Tour ausmacht. Von der Hofpürglhütte aus geht man etwa 100 m zurück und steigt auf dem nach rechts abwärtsführenden Weg ab zu den Hofalmen.

Besondere Hinweise:

Ausdauer und Trittsicherheit sind Voraussetzung für den Linzer Weg zur Hofpürglhütte

Gehzeiten im Detail:

Oberhofalm – Sulzenalm	1 Std.
Sulzenalm – Eiskarlschneid	1 Std.
Eiskarlschneid – Linzer Weg – Hofpürglhütte	3 Std.
(Eiskarlschneid – Linzer Weg – Hofalm direkt)	3 Std.
Hofpürglhütte – Oberhofalm	¾ Std.

Ausschnitt aus KOMPASS-Wanderkarte Nr. 031, Lizensnr. 45-0504-L

25 Rötelstein (2247 m)

Gesamtgehzeit:	6 Std.
Schwierigkeitsgrad:	sehr schwer (nur für Geübte)
Höhenunterschied:	ca. 950 m
Talort:	Filzmoos (1055 m)
Ausgangspunkt:	Parkplatz ehemaliger Rettensteinlift/Mittelstation, Rettensteinhütte (1200 m)
Anfahrt:	Filzmoos-Reithof-Parkplatz an der Rettensteinhütte
Anfahrtstrecke:	5 km / 15 Min.
Einkehrmöglichkeit:	Sulzenalm

Tourbeschreibung:

Vom Parkplatz geht man auf dem Weg 670 ein kurzes Stück bergan über Wiesen, dann über eine Hangmulde auf den Lutzer Riedel (1643 m). Von dort weiter an den Westgrat des Rötelstein, dann meist auf dem Grat, zeitweise auch links oder rechts davon, über den Vorgipfel zum Kreuz am Hauptgipfel. Von hier aus hat man einen einzigartigen und weiträumigen Panoramablick bis tief in die umliegenden Täler, da kein Berg die Sicht versperrt. Vom Gipfelkreuz des Rötelstein bis zur Bischofsmütze beträgt die Entfernung genau 5 km (Luftlinie) bei etwas geringerer Höhe. Es ist ein idealer Ort für Aufnahmen von der Bischofsmütze. Der Abstieg verläuft auf dem Weg 639 (Verlängerung von Weg 670) zum Sulzenhals. Dabei ist der Weg steil und teilweise sehr brüchig mit Kletterpassagen. Vom Sulzenhals nach links abwärts zur Sulzenalm. Von dort den Fahrweg nach unten und noch vor dem Wald nach links auf den mit Wanderweg Filzmoos bezeichneten Weg 638. An mächtigen Lärchen vorbei (bis 500 Jahre alt, bis 6 m Umfang) stößt man auf die Forststraße und folgt dieser bis zum Parkplatz.

Besondere Hinweise:

Trittsicherheit und Schwindelfreiheit sind äußerst wichtig, da sowohl beim Aufstieg als auch beim Abstieg auf mehreren

Abschnitten von ca. 3 bis 20 Höhenmetern geklettert werden muss. Wegen Rutschgefahr kann die Tour nur bei trockenem Wetter durchgeführt werden.
Die Tour kann auch in der entgegengesetzten Richtung gegangen werden. Wie in Tour 19 beschrieben, bis Sulzenhals, dort nach rechts auf den Rötelstein und der Abstieg über den Lutzer Riedel zum Parkplatz.

Gehzeiten im Detail:

Parkplatz Rettensteinlift – Rötelstein	3 Std.
Rötelstein – Sulzenalm	1 ½ Std.
Sulzenalm – Parkplatz	1 ¼ Std.

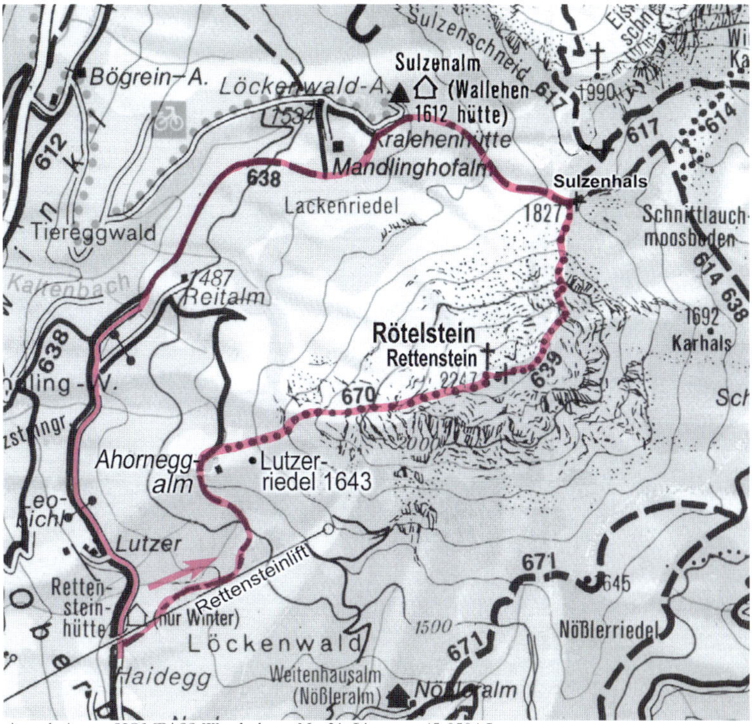

Ausschnitt aus KOMPASS-Wanderkarte Nr. 31, Lizensnr. 45-0504-L

26 Rund um den Hochkesselkopf

Gesamtgehzeit:	6 ¼ Std.
Schwierigkeitsgrad:	sehr schwer
Höhenunterschied:	ca. 1400 m
Anfahrtstrecke:	6 km / 20 Min.
Anfahrt:	Filzmoos-Hoferalmstraße-Oberhofalm
Talort:	Filzmoos (1055 m)
Ausgangspunkt:	Oberhofalm (1268 m)
Besonderes:	Nur für Geübte (Schwindelfreiheit, Trittsicherheit)
Einkehrmöglichkeit:	Sulzenalm, Oberhofalm, Unterhofalm (Verpflegung!)

Tourbeschreibung:

Von der Oberhofalm geht man auf dem direkten Weg zur Sulzenalm (siehe Tour 16) und weiter zum Sulzenhals. Dort nach links Richtung Windlegerscharte/Adamekhütte. Kurz darauf nach rechts den Weg 617 Richtung Windlegerscharte (nur für Geübte) etwas abwärts, durch das Windlegerkar (Geröll), in dem der Weg Nr. 614 nach links zur Windlegerscharte/Adamekhütte abzweigt. Zuerst ist es ein schwieriger steiler Anstieg über Geröll (teilweise rechts an der Wand Festhaltemöglichkeit), dann folgen gute Drahtseilsicherung und Haken, bis die obere Mulde erreicht ist, in der der Weg dann über Geröll und auch im Sommer über Schneeflecken zur Scharte führt. Die Drahtseile führen zeitweise fast senkrecht über mehrere Meter aufwärts. Schwindelfreiheit und Erfahrung sind unbedingt erforderlich. Eine herrliche Aussicht auf Hohe Tauern (Großglockner, Großvenediger), Hochkönig, Rötelstein, Niedere Tauern, Hochalmspitze, Ankogel bietet sich dann. Hinunter geht es über Schutt und Geröll an zwei kleinen Gletschern (Kleiner Gosau-Gletscher, Torstein-Gletscher) vorbei mit Blick auf die Gosauseen zum Abzweig zur Adamek-hütte. Dort geht man nach links den Linzerweg (601) Richtung Hofpürglhütte. Kurz hinter dem Abzweig sind einige Höhenmeter einer senkrechten Wand mit Hilfe von Drahtseilsicherung zu erklettern.

Am Hochkesseleck hat man eine herrliche Aussicht auf Adamekhütte, Dachstein, Hohe und Niedere Tauern und die Bischofsmütze. Der Abstieg erfolgt auf Felssteig mit vielen Seilsicherungen über die Reißgangscharte zum Rinderfeld. Kurz vor dem Zusammentreffen mit Weg 617 die schwierigste Stelle mit einer Wand von ca. 5 m Höhe, die aber gut gesichert ist. Den Weg 617 geht man nach rechts Richtung Hofpürglhütte. Kurz darauf nach links Richtung Hofalmen, erst die romantischen Almböden am Rand des Rinderfeldes mit Bachdurchlauf überquerend (Quellgebiet der Warmen Mandling), dann steil den Waldpfad bergab und weiter zu den Hofalmen.

Gehzeiten im Detail:

Oberhofalm – Sulzenalm	1 Std.
Sulzenalm – Windlegerscharte	2 Std.
Windlegerscharte – Hochkesseleck	1 Std.
Hochkesseleck – Rinderfeld	1 ½ Std.
Rinderfeld – Oberhofalm	¾ Std.

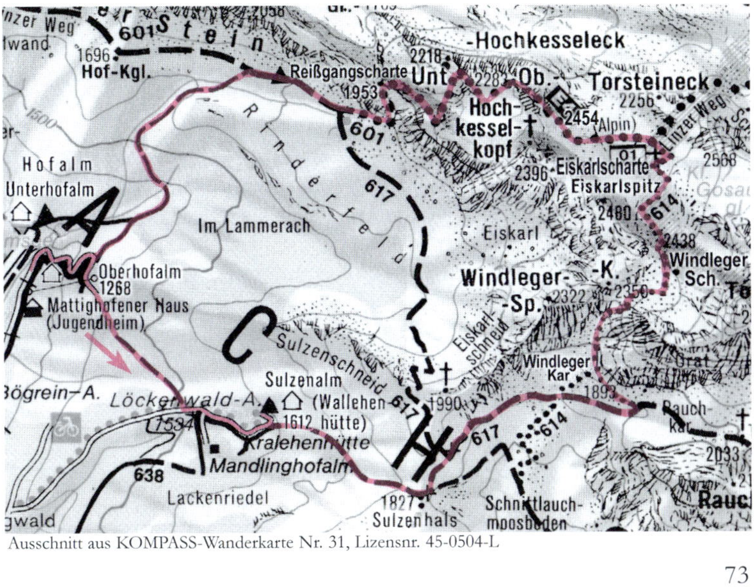

Ausschnitt aus KOMPASS-Wanderkarte Nr. 31, Lizensnr. 45-0504-L

27 Theodor-Körner-Hütte (1466 m)

Gesamtgehzeit:	5 ¼ Std.
Schwierigkeitsgrad:	mittel
Höhenunterschied:	ca. 730 m
Anfahrtstrecke:	7 km / 20 Min.
Anfahrt:	Filzmoos-Hoferalmstraße (Mautstraße)-Aualm
Talort:	Filzmoos (1055 m)
Ausgangspunkt:	Aualm (Rettenegghütte) (1365 m)
Einkehrmöglichkeit:	Sulzkaralm, Theodor-Körner-Hütte, Stuhlalm (Hofpürglhütte), Kirchgasshütte (Aualm), Sulzkaralm
Besonderes:	Begrenzte Parkplatzzahl an der Aualm

Tourbeschreibung:

Von der Rettenegghütte aus folgt man dem Fahrweg bergauf in Richtung Sulzkaralm. Dieser Bezeichnung folgt man bis zur Sulzkaralm, teilweise auf einem Bergpfad, dann wieder auf einem Fahrweg. An der Sulzkaralm (1553 m) nimmt man entweder den Weg 632 nach rechts oben oder vor dem Felsen den unmarkierten Pfad links nach oben auf den Austriaweg (1650 m), der von der Hofpürglhütte herkommt. Den Austriaweg (Nr. 611) geht man nach links. An der Abzweigung zur Mahdalm geht man geradeaus Richtung Theodor-Körner-Hütte. Es folgen einige Stellen mit Seilsicherungen (enger Steig, nach links steil bergab). Auf dem Weg hat man immer wieder eine großartige und abwechslungsreiche Aussicht auf das wuchtige Tennengebirge, unten das weite Lammertal, den schneebedekkten Hochkönig, die Hohen Tauern, auf der rechten Seite hat man stets den massigen Gosaukamm direkt neben sich. Am Jöchl (1601 m) geht es durch einen Kamin auf sicheren Treppenstufen fast senkrecht hinunter auf 1500 m. Hinter der folgenden Anhöhe ist es nicht mehr weit zur Theodor-Körner-Hütte. Der Rückweg verläuft wie der Hinweg. Verlängerung: nicht zur Sulzkaralm absteigen, sondern auf dem Austriaweg oben weiter zur Hofpürglhütte und von dort zur Aualm.

Gehzeiten im Detail:

Aualm – Sulzkaralm	1 Std.
Sulzkaralm – Theodor-Körner-Hütte	1 ¾ Std.
Theodor-Körner-Hütte – Jöchl	¾ Std.
Jöchl – Sulzkaralm	¾ Std.
Sulzkaralm – Aualm	1 Std.

Ausschnitt aus KOMPASS-Wanderkarte Nr. 20, Lizensnr. 45-0504-L

28 SULZKARALM – MAHDALM (1539 M)

Gesamtgehzeit:	4 Std.
Schwierigkeitsgrad:	mittel
Höhenunterschied:	ca. 400 m
Talort:	Filzmoos (1055 m)
Ausgangspunkt:	Aualm (Rettenegghütte, 1365 m)
Anfahrt:	Filzmoos-Hoferalmstraße-Aualm (Rettenegghütte)
Anfahrtstrecke:	7 km / 20 Min.
Einkehrmöglichkeit:	Sulzkaralm, Mahdalm, Hofpürglhütte
Besonderes:	Begrenzte Parkplatzzahl an der Aualm (ca. 40)

Tourbeschreibung:

Die Tour kann als eine der schönsten Aussichtstouren im Raum Filzmoos bezeichnet werden, da man immer am Südhang der Bischofsmütze entlangwandert und somit einen permanent großartigen Ausblick auf die umliegenden Berge hat. Von der Rettenegghütte folgt man dem Fahrweg bergauf in Richtung Sulzkaralm. Der Weg geht bald in einen Pfad über, dem man bis zu der Abzweigung zur Sulzkaralm folgt (Achtung: nicht den Weg 601 nehmen, der in der Nähe kreuzt). Der Pfad zur Sulzkaralm geht nach rechts ab und mündet gleich danach in den Fahrweg, dem man bis zur Sulzkaralm folgt. Die Sulzkaralm ist eine der interessantesten Almen in unserem Wandergebiet. Man sollte nicht versäumen, einen Blick in das Haus mit dem Käselagerraum zu werfen. Der Weg 341 zur Mahdalm geht am Haus entlang weiter in westliche Richtung. Die Mahdalmhütte ist neu erbaut und bietet eine herrliche Aussicht. Für den Rückweg nimmt man den parallel oberhalb des Hinwegs verlaufenden Weg 632 Richtung Hofpürglhütte, der nach ½ Std. auf den Austriaweg 611 stößt, dem man bis zur Abzweigung zur Rettenegghütte nach Osten folgt. Da man sich jetzt schon kurz vor der Hofpürglhütte befindet, kann dort noch eine Rast eingelegt werden, bevor der Abstieg zum Parkplatz an der Rettenegghütte beginnt.

Besondere Hinweise:

Leichtere Variante: Sulzkaralm und zurück (2 Std.)

Gehzeiten im Detail:

Rettenegghütte – Sulzkaralm	1 Std.
Sulzkaralm – Mahdalm	½ Std.
Mahdalm – Hofpürglhütte	2 Std.
Hofpürglhütte – Rettenegghütte	½ Std.

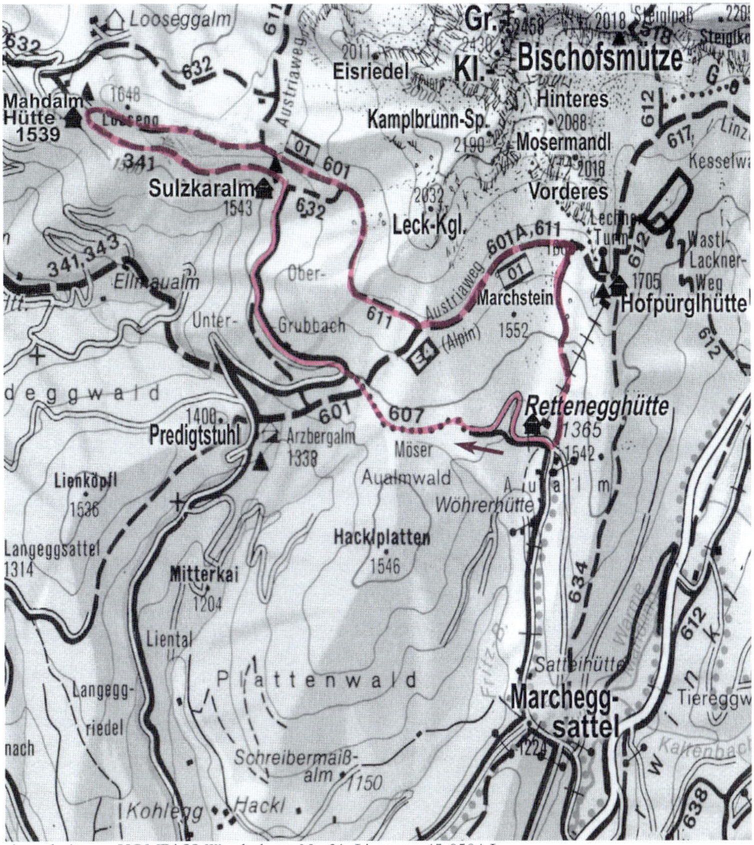

Ausschnitt aus KOMPASS-Wanderkarte Nr. 31, Lizensnr. 45-0504-L

29 GERZKOPF (1728 M)

Gesamtgehzeit:	4 ½ Std.
Schwierigkeitsgrad:	mittel-schwer
Höhenunterschied:	ca. 750 m
Anfahrt:	Filzmoos-Filzmoos/Neuberg
Anfahrtstrecke:	6 km / 15 Min.
Talort:	Filzmoos-Neuberg (990 m)
Ausgangspunkt:	FerienwohnungenVierthaler
Einkehrmöglichkeit:	nur an Samstagen, Sonn- und Feiertagen von Mitte Mai bis Mitte Sept. in der Schäferhütte, sonst keine (genügend Getränke und Verpflegung mitnehmen)
Parkmöglichkeit:	Parkplatz an der Straße (Wegkreuzung mit fünf Straßeneinmündungen), Ferienwohnungen Vierthaler

Tourbeschreibung:

Man geht die Fahrstraße links hoch Richtung Gerzkopf. Nach 200 m Richtung Perlmais/Nestlerhof. Durch den Nestlerhof geht man Richtung Perlmais. Vor dem Gatter am Skilift führt der Weg steil rechts nach oben (Gerzkopf). Hier beginnt die rot/weiße Markierung und der Weg wird zum Bergpfad. Den Fahrweg überquert man 2-mal immer geradeaus aufwärts. Beim dritten Mal den Fahrweg 100 m nach rechts und an der Biegung geradeaus den Bergpfad aufwärts gehen. Es folgen zwei weitere Fahrwegüberquerungen. Nachdem der Weg Nr. 10 von Eben dazustößt, verläuft der Anstieg mal mehr, mal weniger steil und teilweise etwas moorig (durch Hochmoor). An der Baumgrenze geht es nach links durch Latschen Richtung Gipfel (Naturschutzgebiet). Auf steinigem Pfad, an zwei schwarzen Lacken vorbei, überwindet man die letzten 100 Höhenmeter zum Gipfel, wo man eine herrliche Rundumaussicht hat (Hochkönig, Dachstein, Bischofsmützen, Tennengebirge, Niedere und Hohe Tauern). Es gibt ein Gipfelkreuz und die Glocke von Eben.

Abstieg-Variante 1: Denselben Weg wieder zurück.
Abstieg-Variante 2: An der Abzweigung zum Gipfel wendet man sich nach links. Links an der Schäferhütte vorbei geht man 60 Höhenmeter nach oben (Einstieg und Weganfang sind spärlich markiert), mit herrlichem Blick auf Bischofsmütze und Dachstein. Weiter geht es auf dem Bergrücken durch Heidelbeerfelder und Hochmoor zur Gsengplatte, von wo aus der Weg bergab zum Langeggsattel führt (Beschilderung beachten), teilweise am Steilhang entlang (Schwindelfeiheit erforderlich). Dann geht es in Serpentinen steil bergab. Am Langeggsattel (Marienbild) biegt man nach rechts auf den Fahrweg (rot/weiß markiert, aber kein Hinweisschild nach Neuberg). Diesem Weg folgt man bis ins Tal zum Neubergerhof und weiter abwärts zum Parkplatz.

Gehzeiten im Detail:

Parkplatz – Perlmais	¼ Std.
Perlmais – Abzweig zum Gipfel	1 ½ Std.
Abzweig zum Gipfel – Gerzkopf	¼ Std.
Gerzkopf – Abzweig + Hütte	¼ Std.
Hütte – Langeggsattel	1 ¼ Std.
Langeggsattel – Parkplatz	1 Std.

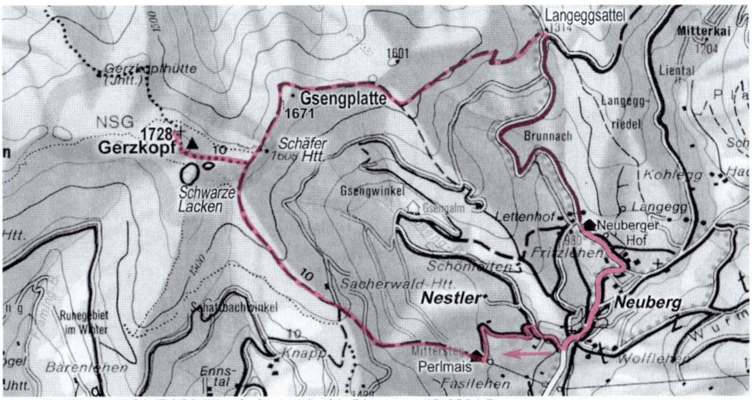

Ausschnitt aus KOMPASS-Wanderkarte Nr. 31, Lizensnr. 45-0504-L

30 BACHLALM – DACHSTEINSÜDWANDHÜTTE

Gesamtgehzeit:	5 Std.
Schwierigkeitsgrad:	schwer
Höhenunterschied:	ca. 800 m
Talort:	Filzmoos-Hachau (1180 m)
Ausgangspunkt:	Bachlalm (1490m)
Anfahrt:	Filzmoos-Richtung Ramsau-Parkplatz Pendelbus zur Bachlalm
Anfahrtstrecke:	5 km / 10 Min.
Einkehrmöglichkeit:	Bachlalm, Dachsteinsüdwandhütte
Besonderes:	Anfahrt: ca. 5 km hinter Filzmoos-Hachau bis zum Parkplatz am Beginn der Bachlalm-Straße. Von dort aus mit dem Pendelbus zur Bachlalm (Fahrplan im Fremdenverkehrsamt Filzmoos). Eigene Fahrt zur Bachlalm ist nicht mehr möglich.

Tourbeschreibung:

Von der Bachlalm geht man auf dem Weg 614 steil bergauf Richtung Adamekhütte zum „Tor“ (2083 m) über Geröllfelder und einen Steig. Hinter den Geröllfeldern weiter geradeaus auf Weg 617 Richtung Dachsteinsüdwandhütte (Pernerweg). Der beschwerliche Weg führt parallel zur fast senkrechten Dachsteinwand durch das „Tor“, ein grandioser Anblick. Weiter zur Dachsteinsüdwandhütte (1910 m, viel Betrieb), mit herrlicher Aussicht zum Dachstein und in die Schladminger Tauern Der Abstieg führt auf steinigem Pfad (gelb gekennzeichnet) in Richtung Bachlalm, dann an der Brücke über den Bach nach rechts auf Weg 671 über viel Wurzelwerk bis zum Ziel. Zum Abschluss Rastmöglichkeit auf der Bachlalm.

Besondere Hinweise:

Verpflegung mitnehmen, 1. Etappe 3 ½ Std. ohne Einkehrmöglichkeit. Ausdauer, Trittsicherheit, Sicherheit auf Geröll sind erforderlich. Die Tour ist bei Nässe nicht empfehlenswert. Vom „Tor“ aus kann das Raucheck (2192 m) bestiegen werden. Busfahrplan für Rückweg beachten.

Gehzeiten im Detail:

Bachlalm – Tor	1 ½ Std.
Tor – Dachsteinsüdwandhütte	2 Std.
Dachsteinsüdwandhütte – Bachlalm	1 ½ Std.

Ausschnitt aus KOMPASS-Wanderkarte Nr. 031, Lizensnr. 45-0504-L

31 Halseralm (1170 m)

Gesamtgehzeit:	1 ½ – 2 Std.
Schwierigkeitsgrad:	leicht
Höhenunterschied:	ca. 200 m
Anfahrt:	Filzmoos-Ramsau – 200 m hinter Sport-Willy (links) in Höhe Pension Gletscherblick (links) rechts abbiegen. Dann links Richtung Tischlberger bis zum Parkplatz 400 m hinter dem Gasthaus Tischlberger.
Anfahrtstrecke:	13 km / 15 Min.
Talort:	Ramsau am Dachstein (1135 m)
Ausgangspunkt:	Greimlbacher (1125 m)
Einkehrmöglichkeit:	Halseralm, Sonnenalm
Besonderes:	Die Tour ist für Kinderwagen geeignet

Tourbeschreibung:

Vom Parkplatz den Fahrweg weitergehen Richtung Sonnenalm, Halseralm. Viele Ameisenhügel begleiten uns auf dem Weg. Die Markierung ist blau/weiß. Der Fahrweg geht erst leicht ansteigend wieder ein Stück bergab und dann ziemlich eben bis zur Halseralm, in der man die Tour beenden kann. Wenn man den Weg Richtung Sonnenalm weitergehen will, empfiehlt sich eine Rast auf der Halseralm für den Rückweg einzuplanen. Der Fahrweg führt auf ca. 300 m Länge mäßig steil bergauf und dann eben weiter bis zur Sonnenalm (1247 m). Hier gibt es einen größeren Kinderspielplatz und der Wirt spielt Akkordeon. Die Aussicht auf die Niederen und Hohen Tauern, sowie in das Ennstal ist überwältigend. Wem dort aber zu viel Rummel ist, der sollte die Einkehr verschieben bis zur Halseralm. Von der Sonnenalm geht man den Fahrweg zurück Richtung Halseralm. Diese ist über 400 Jahre alt und urgemütlich, wovon man sich im Inneren der Almhütte überzeugen kann. Draußen ist ein kleiner Spielplatz für Kinder angelegt. Man hat eine ähnlich großartige Aussicht wie von der Sonnenalm. Von hier aus geht man den gleichen Weg zurück, den man heraufgekommen ist, bis zum Parkplatz.

Gehzeiten im Detail:

Parkplatz – Halseralm	¾ Std.
Halseralm – Sonnenalm	¼ Std.
Sonnenalm – Halseralm	¼ Std.
Halseralm – Parkplatz	¾ Std.

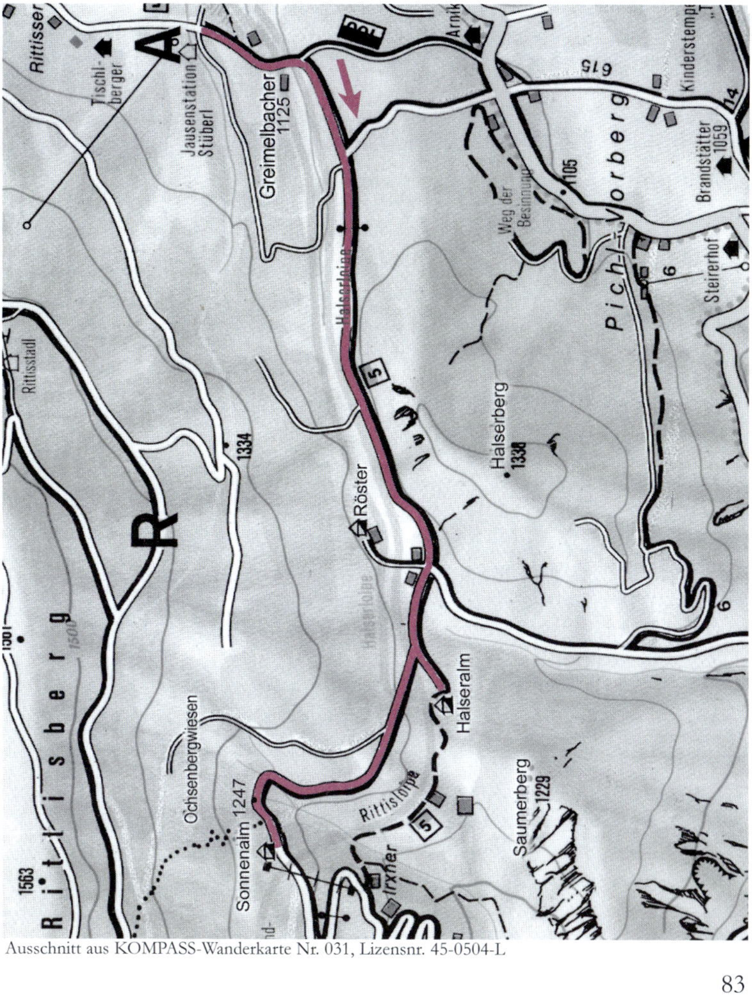

Ausschnitt aus KOMPASS-Wanderkarte Nr. 031, Lizensnr. 45-0504-L

32 Über den Rittisberg (1557 m)

Gesamtgehzeit:	3 ¼ Std.
Schwierigkeitsgrad:	mittel
Höhenunterschied:	ca. 440 m
Anfahrt:	Filzmoos-Ramsau – hinter Sport Willy rechts zum Parkplatz, Wanderausgangspunkt Beach am Badesee
Anfahrtstrecke:	11 km / 15 Min.
Talort:	Ramsau (1135 m)
Ausgangspunkt:	Wanderausgangspunkt Beach (1070 m)
Besonderes:	Bademöglichkeit am Parkplatz. Der Rittisberg ist komplett voll mit Heidelbeeren
Einkehrmöglichkeit:	Rittisstadl

Tourbeschreibung:

Man geht den Märchenweg aufwärts (Märchen- und Disneybilder am Wegrand, an manchen Stellen Hefte mit Märchen zum Vorlesen). Nach 500 m rechts auf den Schworbründlweg zum Rittisstadl. Die Quelle befindet sich kurz vor der Seilbahnschneise. Der Weg ist steil und wurzelig. Am Fahrweg endet der Pfad und man geht nach links, hinter der Skiwiese (Lift) rechts hoch zum Rittisstadl. An der Hütte vorbei Richtung Sonnenalm, Ochsenalm. Man hat Aussicht auf Niedere und Hohe Tauern, Dachstein, ins Ennstal. Den Forstweg geradeaus abwärts Richtung Sonnenalm. Am Abzweig geradeaus aufwärts Ochsenalm, Sonnenalm. Am nächsten Abzweig geradeaus auf Waldweg (nicht rechts den Fahrweg weiter). Am Abzweig Ochsenalm geradeaus. Weiter auf schmalem Waldpfad (keine Kinderwagen). Nach einigen Minuten erreicht man im Wald einen Abzweig. Dort nach rechts hoch (Wurzelweg, blau/weiß markiert). Oben stößt man auf einen Fahrweg. Der Wurzelweg geht aber geradeaus im Wald weiter. Er endet an einem Forstweg. Man folgt diesem nach rechts und weiter geradeaus Richtung Rittisstadl. Auf diesem Weg überquert man die höchste Stelle der Tour (1557 m). An der Abzweigung nach links, von wo es noch fünf Minuten bis zum Rittisstadl sind.

Alternative: Am Ende des Wurzelwegs nach links auf den Rittishöhenpanoramaweg Nord zum Rittisstadl. Von Rittisstadl geht man den Forstweg bergab. Dann nach links Richtung Schworbründlweg. 150 m hinter der Seilbahn beginnt rechts dieser steile Waldpfad, dem man bis zum Märchenweg folgt; dann nach links bis zum Parkplatz.

Variante (leichte Tour): Den Märchenweg (Fahrweg) aufwärts bis Rittisstadl und wieder zurück (nicht über den Schworbründlweg).

Gehzeiten im Detail:

Beach – Rittisstadl	¾ Std.
Rittisstadl – Rittisstadl (Rundweg)	2 Std.
Rittisstadl – Beach	½ Std.
Variante (leichte Tour):	
Beach – Rittisstadl	¾ Std.
Rittisstadl – Beach	¾ Std.

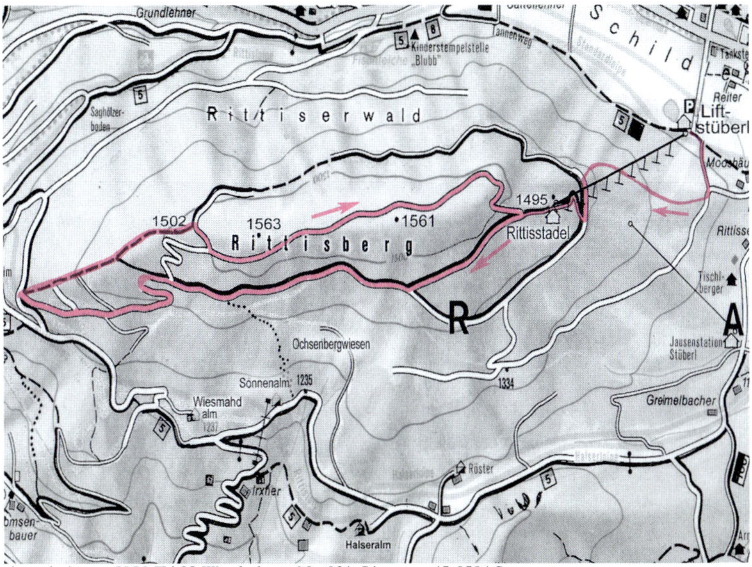

Ausschnitt aus KOMPASS-Wanderkarte Nr. 031, Lizensnr. 45-0504-L

33 BRANDRIEDEL (1724 M)

Gesamtgehzeit:	2 ¾ Std.
Schwierigkeitsgrad:	mittel
Höhenunterschied:	ca. 400 m
Anfahrt:	Filzmoos-Ramsau (Ortsanfang) – 100 m hinter Ferchtlhof nach links – Gasthaus Edelbrunn
Anfahrtstrecke:	13 km / 15 Min.
Talort:	Ramsau (1135 m)
Ausgangspunkt:	Gasthaus Edelbrunn (1333 m)
Einkehrmöglichkeit:	Brandalm, Austriahütte, Dachsteinhaus
Besonderes:	Trittsicherheit und Schwindelfreiheit erforderlich
Parkmöglichkeit:	Am Gasthaus Edelbrunn nur wenige Parkplätze

Tourbeschreibung:

Vor dem Hotel Edelbrunn geht man rechts durch die Tür. Am Wegweiser nach links den Berg hoch Richtung Brandriedel/ Jungfrauensteig/Roseggersteig. Nach 50 m geht es hinter dem Zaun nach links den ständig mäßig steilen Waldweg hoch (spärlich markiert). An der Abzweigung zum Jungfrauensteig muss man der Bezeichnung Roseggersteig/Brandriedel folgen. Dann wird der Bach überquert und man folgt weiter dem nach rechts bergauf führenden markierten Weg. Nach einer Stunde ist der Grat erreicht. Dort zweigt der Weg zum Brandriedel ab. Dazu geht man nach links am Zaun entlang und folgt dem unmarkierten Pfad bis zum Aussichtspunkt. Von dort aus gibt es eine schöne Aussicht und im Sommer viele Heidelbeeren. Man geht wieder zurück. Am Wegweiser wendet man sich nach links Richtung Austriahütte. Von der Austriahütte aus führt der Weg durch die Tür Richtung Brandriedel und dahinter sofort nach rechts unten auf den Pfad Richtung Brandalm. Vor der Brandalm stößt man auf den Fahrweg und folgt diesem nach links. Er führt abwärts, am Dachsteinhaus vorbei, bis zum Gasthaus Edelbrunn.

Gehzeiten im Detail:

Gasthaus Edelbrunn – Grat	1 Std.
Grat – Brandriedel	¼ Std.
Brandriedel – Austriahütte	¼ Std.
Austriahütte – Brandalm	¼ Std.
Brandalm – Gasthaus Edelbrunn	1 Std.

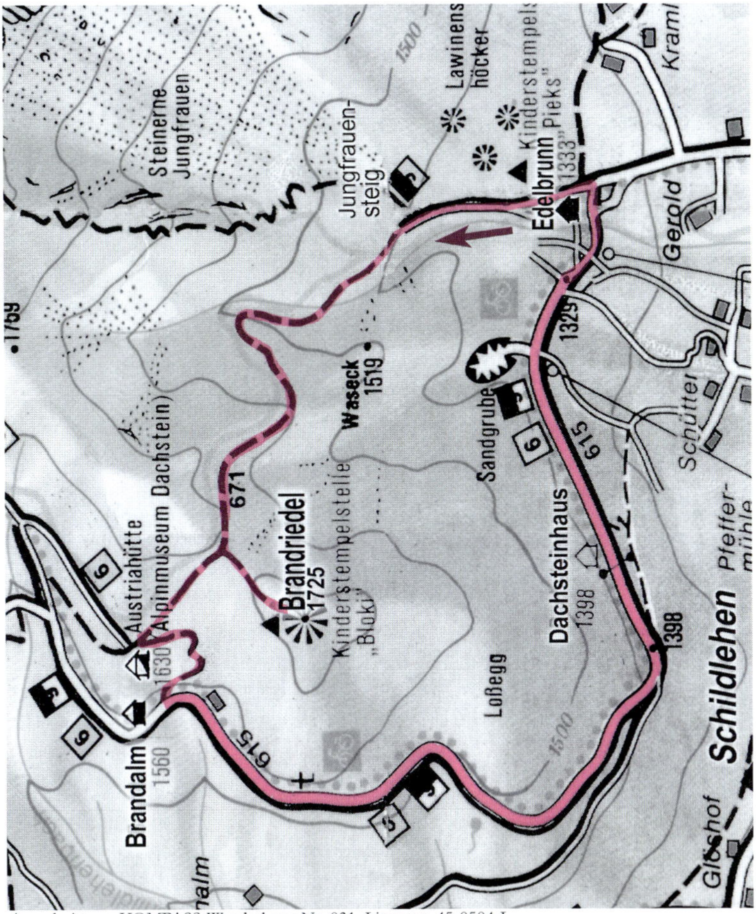

Ausschnitt aus KOMPASS-Wanderkarte Nr. 031, Lizensnr. 45-0504-L

34 Jungfrauensteig (1970 m)

Gesamtgehzeit:	4 ¼ Std.
Schwierigkeitsgrad:	schwer
Höhenunterschied:	ca. 680 m
Anfahrt:	Filzmoos-Ramsau (Ortsanfang) – 100 m hinter Ferchtlhof nach links – Gasthaus Edelbrunn
Anfahrtstrecke:	13 km / 15 Min.
Talort:	Ramsau (1135 m)
Ausgangspunkt:	Gasthaus Edelbrunn (1333 m)
Einkehrmöglichkeit:	Austriahütte, Brandalm
Besonderes:	Ausdauer, Trittsicherheit und Schwindelfreiheit sind unbedingt erforderlich

Tourbeschreibung:

Man geht rechts vom Haus Edelbrunn durch das Tor mit der Aufschrift Jungfraunsteig/Roseggersteig, auch beschildert mit Brandriedel. Nach ca. 500 m zweigt der Jungfraunsteig nach rechts ab. Der stetig ansteigende Weg führt zu den Steinernen Jungfrauen, das sind spitz aufragende Felsen aus Sedimentgestein. Sie befinden sich etwa auf der halben Höhe des Steigs. Hier laden mehrere Bänke zum Verweilen ein. Auf dem Weg dorthin hat man immer wieder herrliche Ausblick aufs Dachsteinmassiv und zurück nach Ramsau. Der steile Steig führt über viel Geröll zum höchsten Punkt der Tour (1970 m), am Fuß des Gamsfeldgässl, mit schöner Aussicht auf Niedere Tauern, Rittisberg, Rötelstein und die Dachsteinwand. Unterhalb des Felsens führt der Weg nach links. Es geht auf schmalem Pfad über Geröllhänge. Hier ist unbedingt Trittsicherheit und Schwindelfreiheit erforderlich. Man folgt immer diesem Weg bergab. Er mündet auf den Weg 672, der vom Edelgrieß herunterkommt. Diesen Weg geht man nach links abwärts und unten an den Hütten nach links oben. Kurz darauf hat man die Austriahütte erreicht. Man kann auch dort nach unten zur Brandalm steigen und dort einkehren. Von der Austriahütte aus geht man den Weg 671 bergauf Richtung Brandriedel.

Hinter dem Zaunüberstieg wendet man sich nach links und gleich darauf beginnt nach rechts der steile Waldpfad über viel Wurzelwerk Richtung Ramsau/Edelbrunn und erreicht den Parkplatz. Für den Rückweg kann man auch von der Brandalm den Forstweg zurück zum Gasthaus Edelbrunn nehmen (ungefähr gleiche Gehzeit).

Gehzeiten im Detail:

Edelbrunn – Gamsfeldgässl	1 ¾ Std.
Gamsfeldgässl – Austriahütte	1 Std.
Austriahütte – Edelbrunn	¾ Std.

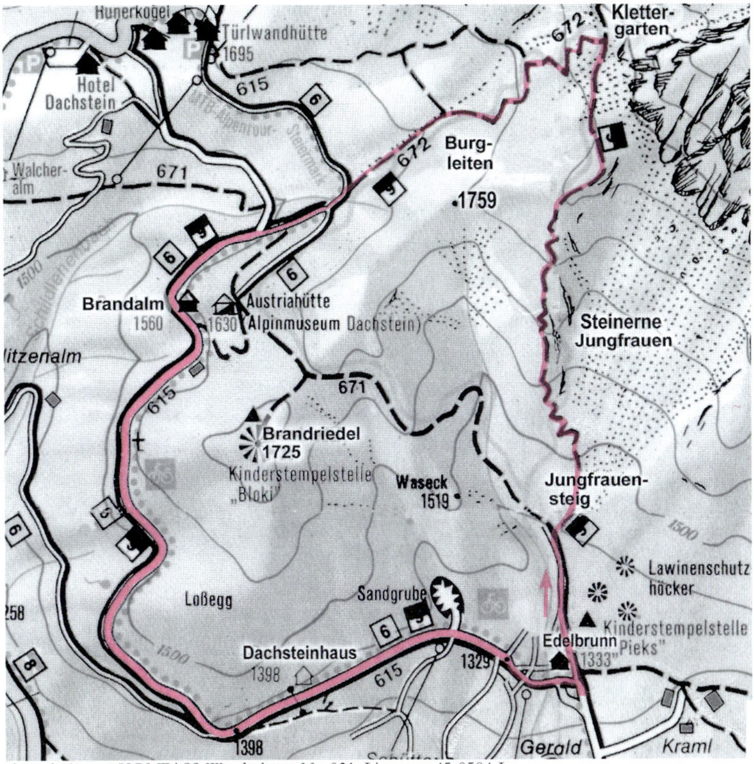

Ausschnitt aus KOMPASS-Wanderkarte Nr. 031, Lizensnr. 45-0504-L

35 Naturlehrpfad Sattelberg

(Nicht nur für Kinder interessant)

Gesamtgehzeit:	3 – 4 Std. (mit Aufenthalt an den Tafeln)
Schwierigkeitsgrad:	leicht-mittel
Höhenunterschied:	ca. 240 m
Anfahrt:	Filzmoos-Ramsau-Ramsau/Kulm – links nach Obere Leiten – links nach Sattelberg-Haus Bergsteiner
Anfahrtstrecke:	19 km / 20 Min.
Talort:	Ramsau (1135 m)
Ausgangspunkt:	Parkplatz vor Haus Bergsteiner
Einkehrmöglichkeit:	Sattelberghütte (am Schluss der Tour)
Besonderes:	Auf der Tour gibt es viele Informationstafeln. Kinder sollten deshalb lesen können. Gruppen sollten klein sein, damit an den Tafeln und Spiegeln keine zu langen Wartezeiten entstehen. Nicht gegen die Schilderrichtung laufen. Die Tour ist für Kinderwagen nicht geeignet!

Tourbeschreibung:

Vom Parkplatz geht man Richtung Sattelbergweg/ Natur- und Umweltlehrpfad. Nach 100 m, am ersten Infoschild, beginnt der Weg links. Man folgt immer den kleinen Schildern. Der Anstieg zum Sattelberg erfolgt auf einem Wurzelweg und ist deshalb nicht für Gehschwache geeignet.

Gehzeiten im Detail:

Wegen individuellem Tourablauf können keine Gehzeiten angegeben werden.

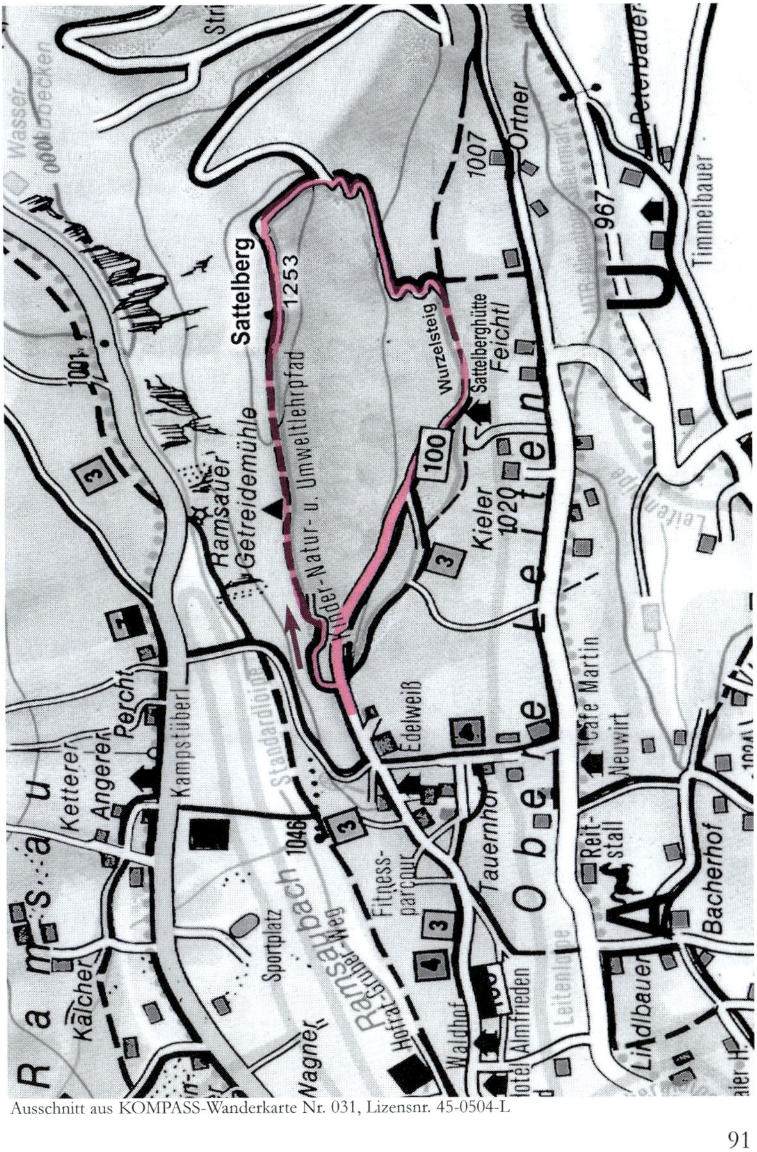

Ausschnitt aus KOMPASS-Wanderkarte Nr. 031, Lizensnr. 45-0504-L

36 Silberkarklamm – Silberkarsee (1800 m)

Gesamtgehzeit:	1 ¾ Std. (Silberkarsee ca. 6 Std.)
Schwierigkeitsgrad:	leicht (Silberkarhütte, nur durch Klamm) schwer (bis See)
Höhenunterschied:	270 m bis zur Silberkarhütte, 1050 m bis Silberkarsee
Talort:	Lodenwalker (960 m)
Ausgangspunkt:	Parkplatz Lodenwalker
Anfahrt:	Filzmoos-Ramsau-Richtung Weißenbach-Lodenwalker
Anfahrtstrecke:	20 km / 30 Min.
Einkehrmöglichkeit:	Silberkarhütte
Besonderes:	Leichte Tour bei Rückweg ab Silberkarhütte über Höhenweg ¾ Std. länger und mittel

Tourbeschreibung:

Die Silberkarklamm ist sehr sehenswert. Der Weg ist gut begehbar und verläuft hinter dem Kassenhäuschen zum Teil über Stege und Treppen bis zur Silberkarhütte. Der Aufstieg von der Silberkarhütte zum Silberkarsee ist sehr lang und steil. Bevor der See erreicht ist, muss die Höhe von 1990 m bewältigt werden. Im See kann man baden. Der Rückweg zur Silberkarhütte ist derselbe: zuerst wieder auf 1990 m, dann folgt der Abstieg zur Hütte. Von dort aus kann man durch die Klamm zurück zum Parkplatz gehen. Es besteht aber auch die Möglichkeit, auf dem Höhenweg/Parkplatz Klamm abzusteigen. Dieser Weg geht bei der Silberkarhütte nach rechts ab und geht erst mäßig, dann ziemlich steil über Wurzeln und Steine bergauf, dann wieder steil bergab. Er führt um den Berg herum und geht in einen Forstweg über. Schon kurz darauf, 100 m hinter der ersten Kurve geht man nach rechts bergab auf den mit Höhenweg bezeichneten Waldpfad. Wenn der Weg wieder eben wird, wendet man sich nach links Richtung Fliegenpilz/Parkplatz Klamm. Nach weiteren 20 m wieder nach links auf den breiten Fußweg Nr. 7, der zum Parkplatz führt.

Besondere Hinweise:

Es müssen ausreichend Getränke und Verpflegung mitgenommen werden. Die Wanderung bis zum Silberkarsee ist nur für Ausdauernde und Geübte zu empfehlen.

Gehzeiten im Detail:

Lodenwalker – Silberkarhütte	1 Std.
Silberkarhütte – Silberkarsee	2 ½ Std.
Silberkarsee – Silberkarhütte	1 ¾ Std.
Silberkarhütte – Lodenwalker (direkt)	¾ Std.
Silberkarhütte – Lodenwalker (über Höhenweg)	1 ½ Std.

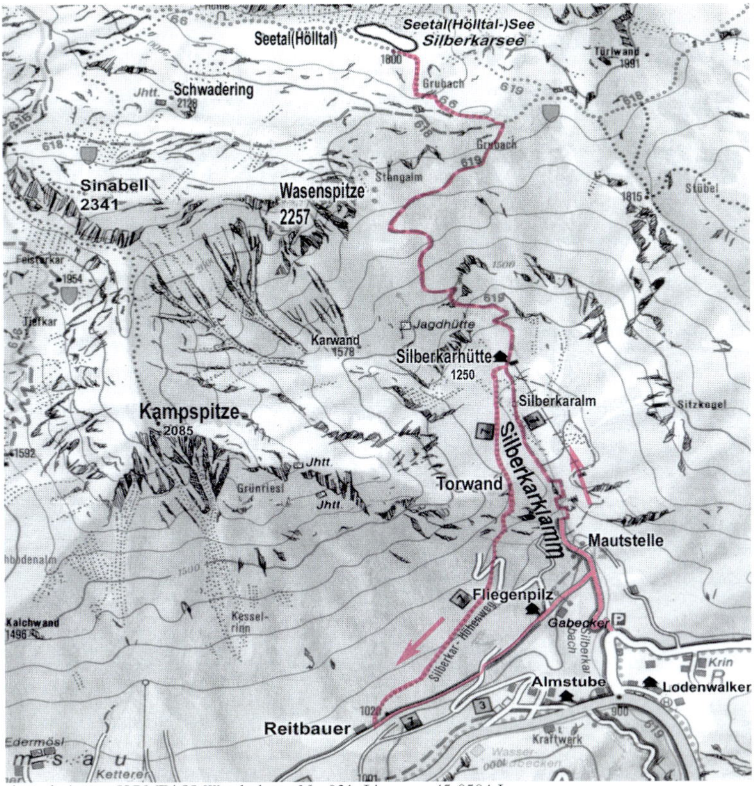

Ausschnitt aus KOMPASS-Wanderkarte Nr. 031, Lizensnr. 45-0504-L

37 Kufstein (2049 m)

Gesamtgehzeit:	5 ¼ Std. (6 ½ Std. mit Grafenbergalm)
Schwierigkeitsgrad:	schwer
Höhenunterschied:	ca. 1100 m (Kufstein), 1310 m (über Grafenbergalm)
Anfahrt:	Ramsau-Lodenwalker-Burgstaller
Anfahrtstrecke:	21 km / 30 Min.
Talort:	Ramsau
Ausgangspunkt:	Gasthaus Burgstaller (990 m)
Einkehrmöglichkeit:	keine (Verpflegung mitnehmen!)
Parkmöglichkeit:	Am Gasthaus Burgstaller

Tourbeschreibung:

Vom Gasthaus Burgstaller nimmt man den Weg Nr. 667 Stornalm-Greifenbergalm-Kufstein aufwärts. Vor den Häusern geht man nach rechts und dann nach links am Waldrand entlang. Den Fahrweg ein kurzes Stück nach links und dann rechts in den Wald auf steilem Pfad, mehrmals den Fahrweg überquerend (Weg 666 stößt dazu) bis zur Wegteilung. Entweder geht man rechts den Felssteig (Trittsicherheit und Schwindelfreiheit) bis zur Stornalm oder links den leichteren Weg, der oberhalb der Stornalm wieder dazustößt. Weiter geht es auf Weg 667 über die flacheren Almböden. Wenn man die Waldgrenze erreicht hat, steigt man auf steilem geröllbedecktem Pfad zum Kufstein. Kurz unterhalb des Gipfels muss man notfalls die Hände zu Hilfe nehmen. Es erwartet den Bergwanderer ein schönes Gipfelkreuz. Vom Kufstein geht man entweder denselben Weg wieder zurück oder man folgt abwärts dem Weg 667. Nach kurzem Abstieg erreicht man nach links (schwache Markierung) die Kufsteinscharte (2005 m). Dort führt nach rechts ein steiler Pfad abwärts zur Grafenbergalm (an der Baumgrenze schöner Blick auf das Almgelände). Vor der Grafenbergalm nimmt man rechts den Weg 666 Richtung Stornalm. Erst einige Meter hoch, dann wieder hinunter, bevor die 150 Höhenmeter zum Übergang zur Stornalm erstiegen werden müssen. An der Stornalm schließt sich der Rundgang.

Oberhalb der Alm geht man den jetzt den „leichten“ Weg 667A weiter und nimmt dann den 667er bis zum Gasthaus Burgstaller.

Gehzeiten im Detail:

Burgstaller – Stornalm	2 Std.
Stornalm – Kufstein	1 Std.
Kufstein – Burgstaller	2 ¼ Std.
Kufstein – Grafenbergalm	1 Std.
Grafenbergalm – Stornalm	1 Std.
Stornalm – Burgstaller	1 ½ Std.

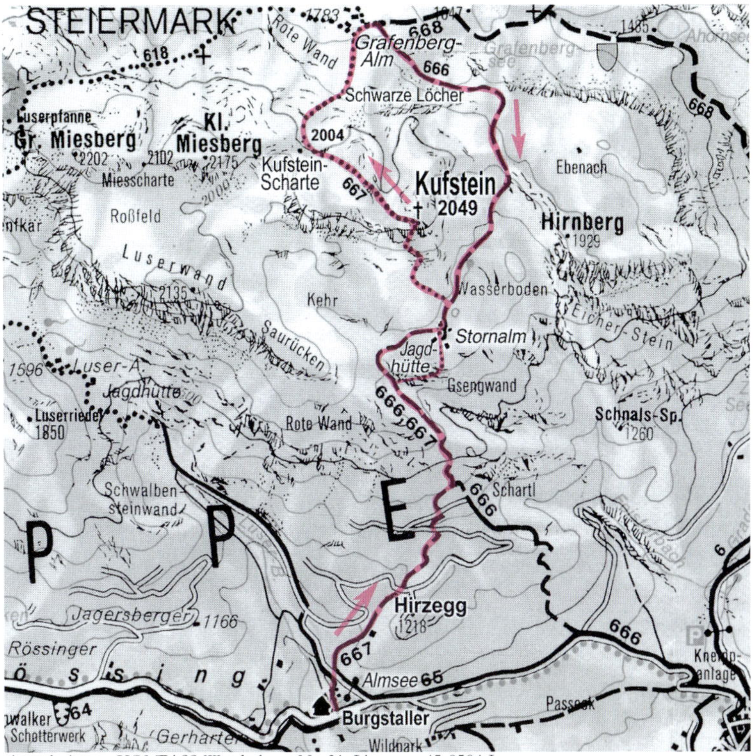

Ausschnitt aus KOMPASS-Wanderkarte Nr. 31, Lizensnr. 45-0504-L

38 FRIEDENSKIRCHERL – STODERZINKEN (2048 M)

Gesamtgehzeit:	2 ¾ Std.
Schwierigkeitsgrad:	Friedenskircherl leicht, Stoderzinken mittel
Höhenunterschied:	ca. 350 m
Talort:	Gröbming (770 m)
Ausgangspunkt:	Parkplatz am Ende der Mautstraße (1730 m)
Anfahrt:	Filzmoos-Ramsau-Weißenbach-Gröbming-Mautstraße
Anfahrtstrecke:	48 km (davon Mautstraße 12 km) 1 Std.
Einkehrmöglichkeit:	Steinerhaus, Brünner Hütte (Mittwoch geschlossen)

Tourbeschreibung:

Sehr schöne, leichte Strecke zum Friedenskircherl. Zuerst geht der Weg vom Parkplatz bergauf zum nahen Steinerhaus. Dann weiter hinab bis zu einer Weggabelung, an der der breite Wanderweg 676 nach rechts Richtung Friedenskircherl geht. Auf dem Weg dorthin kommt man am Peter-Rosegger-Denkmal vorbei (1968 errichtet), das man links liegen lässt. Nicht weit dahinter befindet sich direkt am Berghang das Friedenskircherl (1902 erbaut). Vom Friedenskircherl zum Stoderzinken gibt es einen Klettersteig, der nur für Trittsichere und Schwindelfreie zu empfehlen ist. Für den normalen Anstieg zum Stoderzinken geht man wieder zum Denkmal zurück, wo man dem nach rechts abzweigenden Weg folgt, der teilweise steil, aber gut begehbar, zum Gipfel führt. Vom Stoderzinken hat man einen herrlichen Rundblick auf Dachstein, Schladminger Tauern bis zum Großglockner. Der Abstieg zur Brünner Hütte ist sehr steil. Von der Brünner Hütte führt ein breiter Fahrweg zum Parkplatz zurück.

Besondere Hinweise:

Die Tour ist auch für Kinder gut geeignet.
Wem der Weg über den Stoderzinken zu anstrengend ist, der kann auch vom Parkplatz direkt zur Brünner Hütte und wieder zurückwandern.

Gehzeiten im Detail:

Parkplatz – Friedenskircherl	½ Std.
Friedenskircherl – Stoderzinken	¾ Std.
Friedenskircherl – Stoderzinken über Klettersteig	¼ Std.
Stoderzinken – Brünner Hütte	½ Std.
Brünner Hütte – Parkplatz	¼ Std.

Ausschnitt aus KOMPASS-Wanderkarte Nr. 68, Lizensnr. 45-0504-L

39 NOTGASSE

(Zu den prähistorischen Felszeichnungen)

Gesamtgehzeit:	5 ½ Std.
Schwierigkeitsgrad:	mittel-schwer
Höhenunterschied:	ca. 850 m
Talort:	Ramsau-Weißenbach-Bahnhof-Haus Gröbming-zur Stoderzinkenstraße-Winkelerstraße-Gröbming/Winkel-Kneipanlage Lend
Anfahrtstrecke:	40 km / 45 Min.
Talort:	Gröbming (770 m)
Ausgangspunkt:	Gröbming/Winkel, Parkplatz bei den Öfen (945 m)
Besonderes:	Nur bei trockenem Wetter. Ausdauer, Trittsicherheit unbedingt erforderlich. **Achtung:** Über die Brünner Hütte (nur für Bergwanderer, die sich im unmarkierten Gelände zurechtfinden)
Einkehrmöglichkeit:	Brünner Hütte

Tourbeschreibung:

Von den Öfen führt eine schmale asphaltierte Straße in wenigen Kehren mit 25% Steigung ein kurzes Stück durch eine Felsschlucht nach oben. Sie mündet dann in einen Forstweg, der durch ein romantisches Tal, erst eben, dann mäßig ansteigend, führt. Dem Weg immer Richtung Viehbergalm folgen bis zur Rahnstube (1154 m), wo der Weg zur Viehbergalm nach rechts abzweigt. Dort geradeaus den Forstweg weiter über Moosbrand bis an die Wegeinmündung, wo eine Forststraße nach rechts zur Viehbergalm führt. Man geht hier nach links und gelangt nach einigen Minuten zur unbewirtschafteten Brandalm. Den Weg weitergehen. Nach ca. 10 Minuten, in dem Anstieg der Forststraße, geht in einer Kurve, etwas versteckt, nach rechts der Weg zur Notgasse (Schild an Baum) ab. Ein schmaler, felsiger Pfad führt nach oben. Man geht durch die romantische Schlucht, bis nach 15 Min. links an einem nach innen gehöhlten Felsen die ersten Zeichen zu sehen sind.

In dem folgenden Kessel (Schild Notgasse) nach links über die großen Felsen weitergehen. Dahinter, in der wildromantischen engen Schlucht, sind die meisten Felszeichnungen zu sehen (was ist alt und was neu?). Die Durchquerung der Notgasse dauert ca. 45 Min. (reine Gehzeit). Am Ende (200 m hinter der Gedenktafel und dem Buch) beginnt wieder der Wald. Man folgt dem Pfad weiter zu einer Senke, an dessen Rand sich verschiedene Wege verzweigen (Schilder: nach rechts Hirzberg 2054 m, zurück Gröbming.) Geradeaus befindet sich ein Markierungsstein von 1841. Man geht nach links. Unmarkiert, aber deutlich erkennbar, führt der Weg zwischen zwei Tannen hindurch Richtung Stoderzinken bis zum neu gebauten Forstweg. Diesen überquert man an der Schranke und geht dann am Zaun entlang (Schild Notgasse) in den kleinen Almkessel hinunter. Der Pfad geht weiter nach links bergauf in den Wald. Im weiteren Verlauf geht man an einer Wiesenmulde mit kleinem See links vorbei. Auf der Höhe des Anstiegs wendet man sich nach rechts (roter Punkt am Baum). Gleich darauf stößt man auf einen markierten Weg, den man nach links Richtung Brünner Hütte geht. Unterhalb der Brünner Hütte führt der Pfad über die Wiesen nach unten, links an den Hütten mit einem kleinen See, vorbei Richtung Öfen/Gröbming (Weg 618). Dann überquert man den Fahrweg und geht weiter auf dem Pfad, der teilweise sehr steil bergab führt, bis er auf den Forstweg trifft, den man nach rechts zu den Öfen hinabgeht.

Gehzeiten im Detail:

Öfen – Brandalm	1 ½ Std.
Brandalm – Abzweig Notgasse	¼ Std.
Abzweig Notgasse – Ende Notgasse	¾ Std.
Ende Notgasse – Brünner Hütte	1 ¼ Std.
Brünner Hütte – Öfen	1 ¾ Std.

Foto: Anneke Hagen

Blick von der Eiskarlschneid zum Tennengebirge

Foto: Anneke Hagen

Felsformation am Jungfrauensteig

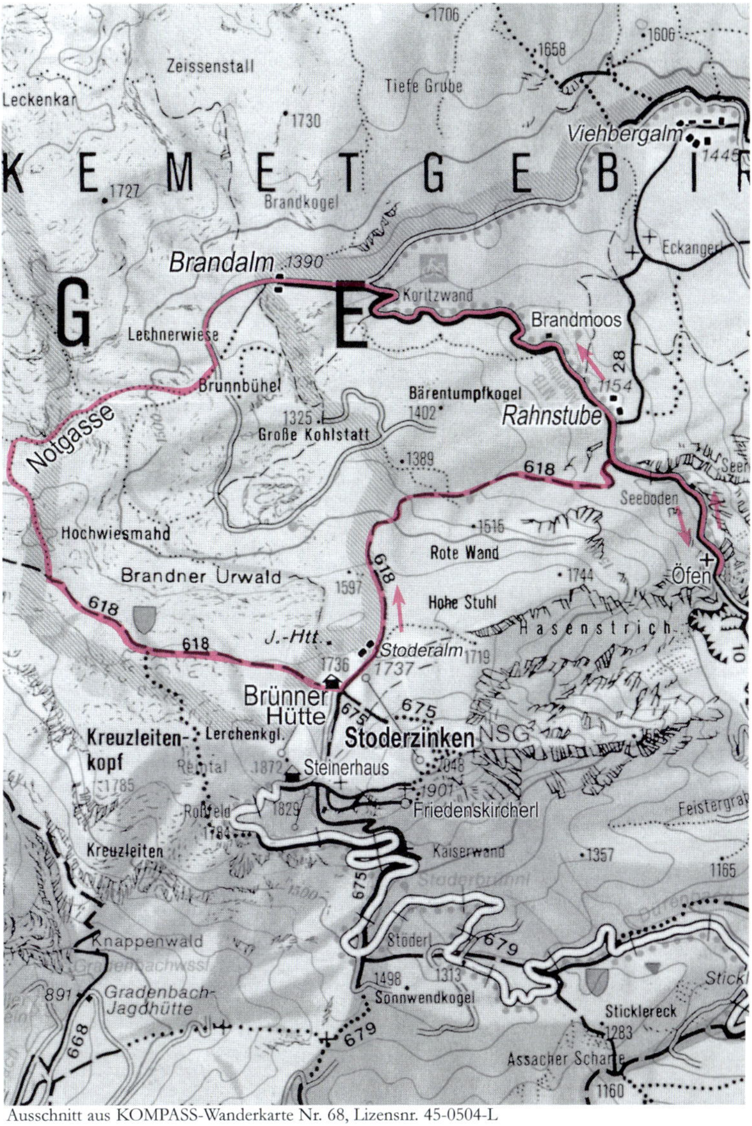

Ausschnitt aus KOMPASS-Wanderkarte Nr. 68, Lizensnr. 45-0504-L

Gesamtgehzeit:	3 Std. (Hinterer Gosausee)
Schwierigkeitsgrad:	leicht (vorderer See), mittel (hinterer See)
Höhenunterschied:	ca. 220 m (hinterer See)
Talort:	Gosau (779 m)
Ausgangspunkt:	Parkplatz am Vorderen Gosausee (933 m)
Anfahrt:	Filzmoos-Eben (vor Eben unter AB hindurch)-St. Martin-Annaberg-Gosau-Gosausee
Anfahrtstrecke:	58 km / 1 ¼ Std.
Einkehrmöglichkeit:	Hintere Seealm, Gasthaus Gosausee

Tourbeschreibung:

Rund um den vorderen See kann auf ebenem Weg gewandert werden. Die Wanderung auf dem Weg Nr. 614 zum hinteren See ist eigentlich leicht, bis auf eine Steilstufe, die in mehreren Kehren überwunden werden muss. Man geht auf demselben Weg wieder zurück.

Besondere Hinweise:

Vom Vorderen Gosausee aus kann eine Wanderung über den Steiglpaß nach Filzmoos unternommen werden (Tour 41).

Gehzeiten im Detail:

Vorderer Gosausee – Hinterer Gosausee	1 ¾ Std.
Hinterer Gosausee – Vorderer Gosausee	1 ¼ Std.

Ausschnitt aus KOMPASS-Wanderkarte Nr. 20, Lizensnr. 45-0504-L

41 Gosausee – Steiglpass (2018 m) – Filzmoos

Gesamtgehzeit:	6 ½ Std.
Schwierigkeitsgrad:	schwer (wegen Streckenlänge)
Höhenunterschied:	1080 m
Talort:	Gosau (779 m)
Ausgangspunkt:	Vorderer Gosausee (938 m)
Anfahrt:	Filzmoos-Eben (vor Eben unter AB hindurch)-St. Martin-Annaberg-Gosau-Gosausee
Anfahrtstrecke:	58 km / 1 ¼ Std.
Einkehrmöglichkeit:	Hofpürglhütte, Oberhofalm, Unterhofalm
Besonderes:	Diese Tour ist nur durchführbar in Verbindung mit einer Gruppenbusfahrt zum Gosausee, da die Fahrzeuge zurückgelassen werden

Tourbeschreibung:

Vom Vorderen Gosausee erfolgt auf dem Weg 612 zunächst ein mittelschwerer Anstieg durch Wald und über Geröll, bis nach ca. 2 Std. eine Gedenkstätte (1547 m) erreicht wird, bei der sich, etwas abseits des Weges, ein schöner Rastplatz befindet. Kurz danach beginnt der Steiglweg (weiterhin Weg 612), der am Steiglpaß (2018 m) seinen höchsten Punkt erreicht. Mit etwas Glück kann man unterwegs Gämsen beobachten. Vom Steiglpaß folgt man weiter diesem Weg bis zur Hofpürglhütte. Dort ist die erste Einkehrmöglichkeit dieser Tour. Der Abstieg von der Hofpürglhütte geht zu der Unterhofalm und dann weiter über die Oberhofalm und den Waldweg oder die Mautstraße nach Filzmoos (siehe Tour 2).

Besondere Hinweise:

Achtung: Wegen der Streckenlänge bis zur 1. Einkehrmöglichkeit müssen ausreichend Proviant und Getränke mitgenommen werden. Wer die Strecke Hofalmen-Filzmoos einsparen will, kann sich an der Ober- oder Unterhofalm mit einem Pkw abholen lassen (von Hofpürglhütte aus telefonisch ankündigen).

Gehzeiten im Detail:

Vorderer Gosausee –Steiglpaß
3 ½ Std.
Steiglpaß – Hofpürglhütte
1 Std.
Hofpürglhütte – Unterhofalm
¾ Std.
Unterhofalm – Filzmoos
1 ¼ Std.

Ausschnitt aus KOMPASS-Wanderkarte Nr. 20, Lizenznr. 45-0504-L

42 Donnerkogel (2054 m)

Gesamtgehzeit:	3 ¼ Std. (6 Std. vom Tal aus)
Schwierigkeitsgrad:	schwer
Höhenunterschied:	1110 m (ab Talstation), 550 m (ab Bergstation)
Talort:	Gosau (779 m)
Ausgangspunkt:	Gosaukammbahn, Tal- oder Bergstation (933 m / 1480 m)
Anfahrt:	Filzmoos-Eben (vor Eben unter AB hindurch)-St. Martin-Annaberg-Gosau-Gosausee
Anfahrtstrecke:	58 km / 1 ¼ Std.
Einkehrmöglichkeit:	Gasthaus Gosausee, Gablonzer Hütte
Besonderes:	Die Tour kann entweder von der Berg- oder Talstation der Gosaukammbahn begonnen werden

Tourbeschreibung:

Der Donnerkogel ist berühmt für seine herrliche Aussicht auf die Bischofsmütze und den Großen Gosaugletscher. Vom Gasthaus Gosausee (933 m) führt der Weg über die Staumauer nach rechts, an einer Almhütte vorbei in Kehren steil aufwärts über die Krautgartenalm zur Gablonzer Hütte (1510 m). Von dort aus führt ein sehr steiler, bezeichneter Steig auf den Großen Donnerkogel (2054 m). An manchen Stellen gibt es leichte Kletterpartien.Der Abstieg führt über denselben Weg zurück.

Besondere Hinweise:

Nur empfehlenswert für trainierte Bergwanderer mit Trittsicherheit und Ausdauer, vor allem, wenn die Bergbahn nicht benutzt wird. Aber auch der Aufstieg von der Bergstation der Gosaukammbahn aus setzt Trittsicherheit und Ausdauer voraus. Es müssen genügend Verpflegung und Getränke mitgenommen werden. Der Gipfel des Donnerkogel bietet einen herrlichen Blick zur Bischofsmütze.

Gehzeiten im Detail:

Gasthaus Gosausee – Gablonzer Hütte	1 ½ Std.
Gablonzer Hütte – Großer Donnerkogel	2 Std.
Großer Donnerkogel – Gablonzer Hütte	1 ¼ Std.
Gablonzer Hütte – Gasthaus Gosausee	1 Std.

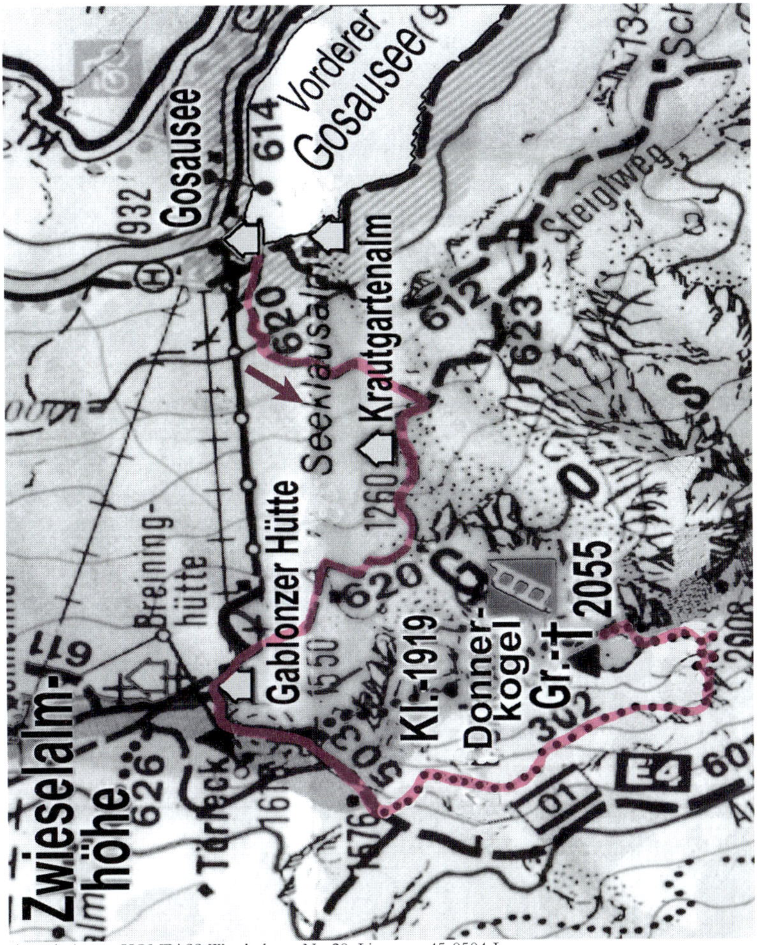

Ausschnitt aus KOMPASS-Wanderkarte Nr. 20, Lizensnr. 45-0504-L

43 Ursprungalm – Giglachseen (1965 m)

Gesamtgehzeit:	3 ¼ Std.
Schwierigkeitsgrad:	leicht-mittel
Höhenunterschied:	500 m
Talort:	Pichl (799 m)
Ausgangspunkt:	Parkplatz an der Ursprungalm (1604 m)
Anfahrt:	Filzmoos-Ramsau-Pichl-Ursprungalm-Mautstraße
Anfahrtstrecke:	35 km (davon 8 km Mautstraße) / 1 Std.
Einkehrmöglichkeit:	Ursprungalm, Giglachseehütte, Ignaz-Mattis-Hütte
Besonderes:	An der Ursprungalm befindet sich das „Heidi-Dorf", wo 1986 der „Heidi-Film" gedreht wurde. ¼ Std. von der Alm entfernt stand früher Heidis Hütte. Sie wurde leider abgerissen

Tourbeschreibung:

Von der Ursprungalm (1604 m) geht der Weg 771 zuerst ¼ Std. steil, dann mäßig ansteigend zur Giglachseehütte. Der Weg zur Ignaz-Mattis-Hütte zweigt nach links ab und man erreicht über einige größere Bodenwellen die Hütte am Nordufer des Unteren Giglachsees. Man kann den See umrunden, indem man im Uhrzeigersinn in Richtung Seeauslauf geht und dann auf der Südseite zurück zum Oberen (kleineren) Giglachsee. Von der Giglachseehütte kehrt man auf dem breiten, schon vom Aufstieg bekannten Weg 771 zur Ursprungalm zurück.

Besondere Hinweise:

An der Ursprungalm bestehen schöne Rastmöglichkeiten für Kinder. Vom Parkplatz aus gesehen, rechts am Ende des Kessels, befindet sich ein kleiner Wasserfall.

Gehzeiten im Detail:

Ursprungalm – Giglachseehütte	1 Std.
Giglachseehütte – Ignaz-Mattis-Hütte	½ Std.
Ignaz-Mattis-Hütte – Seerunde – Giglachseehütte	1 Std.
Giglachseehütte – Ursprungalm	¾ Std.

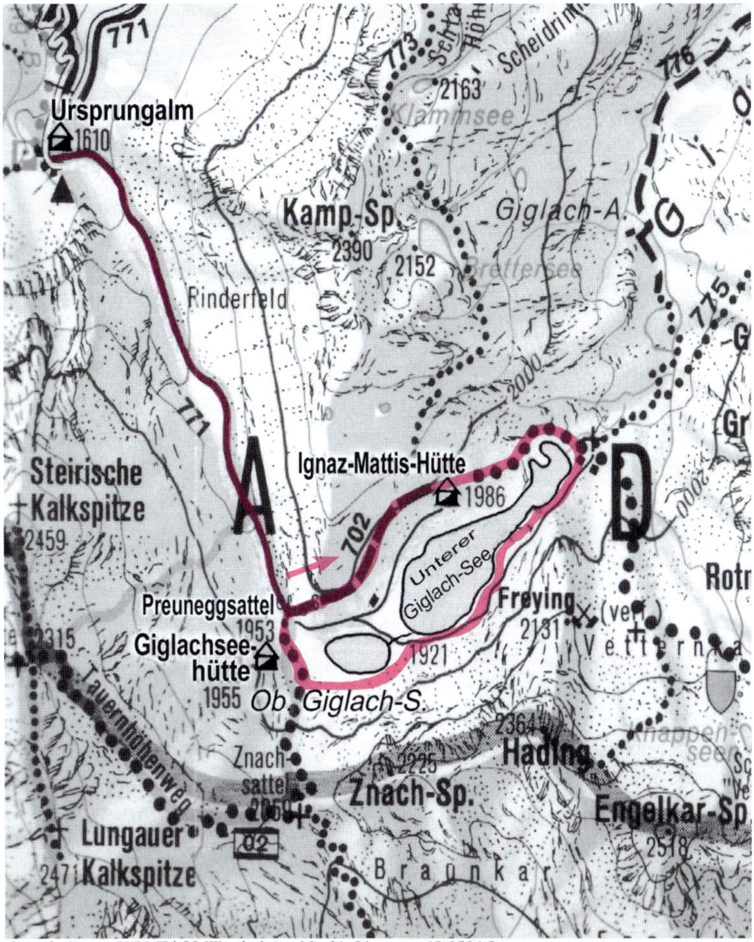

Ausschnitt aus KOMPASS-Wanderkarte Nr. 31, Lizensnr. 45-0504-L

44 3-Seen-Tour (Steirischer Bodensee)

Gesamtgehzeit:	3 ½ Std.
Schwierigkeitsgrad:	Gesamttour schwer, rund um den Bodensee leicht
Höhenunterschied:	530 m
Talort:	Aich (727 m)
Ausgangspunkt:	Parkplatz am Ende der Mautstraße (1143 m)
Anfahrt:	Filzmoos-Ramsau-Weißenbach-Aich-Mautstraße zum Bodensee
Anfahrtstrecke:	34 km / 1 Std.
Einkehrmöglichkeit:	Seewigtal-Stüberl, Forellenhof, Hans-Wödl-Hütte

Tourbeschreibung:

Fast ebene Strecke vom Parkplatz zum Bodensee, ebenso rund um den Bodensee. Der Weg vom Bodensee zum Hüttensee ist lang und steil. Er ist terrassenförmig ausgebaut. Eine landschaftlich reizvolle Strecke mit Wasserfällen, vielen Blumen und beim Zurückblicken der Blick auf das Dachsteinmassiv. Der weitere Weg zum Obersee ist mittelschwer. Im August findet man am Obersee sehr viele reife Heidelbeeren. Der Abstieg erfolgt auf demselben Weg wie der Aufstieg.

Besondere Hinweise:

Auf dem Bodensee kann man Boote mieten. Im Hüttensee kann man baden, der Obersee ist sehr kalt. Die Touren zum Hüttensee und zum Obersee sind nur für geübte und ausdauernde Bergwanderer geeignet.

Gehzeiten im Detail:

Parkplatz – Bodensee	¼ Std.
Bodensee – Hüttensee	1 Std.
Hüttensee – Obersee	¾ Std.
Obersee – Hüttensee	½ Std.
Hüttensee – Parkplatz	1 Std.

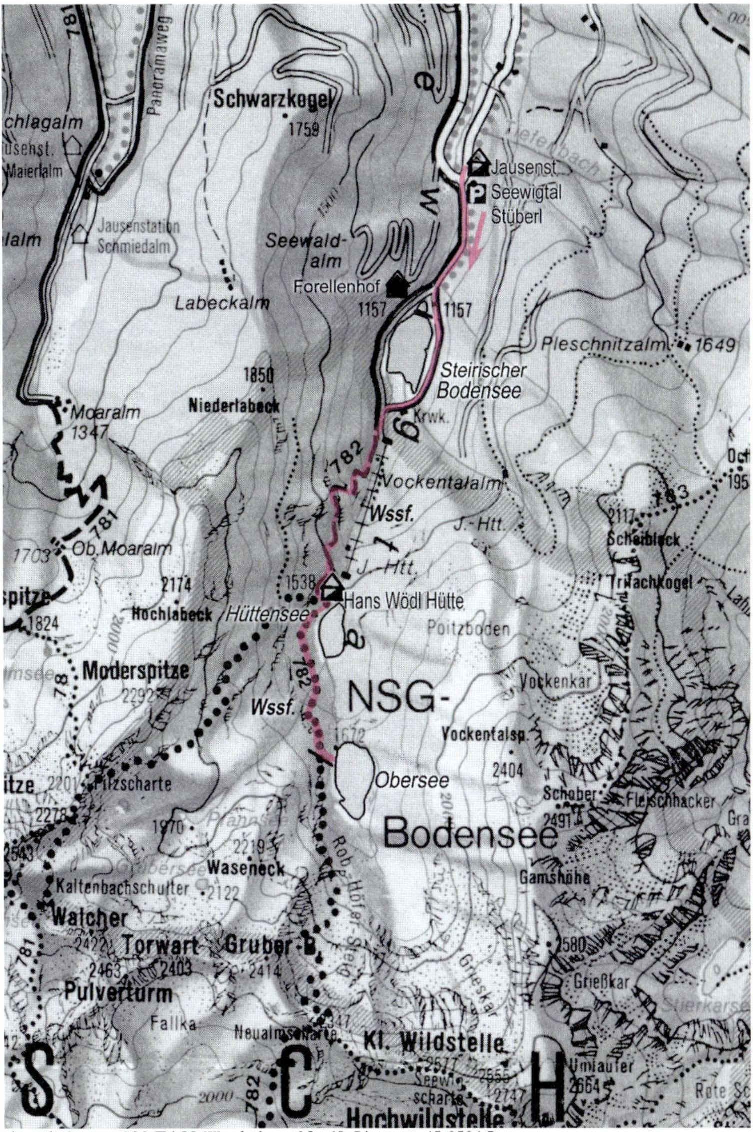

Ausschnitt aus KOMPASS-Wanderkarte Nr. 68, Lizensnr. 45-0504-L

45 RIESACHSEE – PREINTALERHÜTTE (1657 M)

Gesamtgehzeit:	3 ½ Std.
Schwierigkeitsgrad:	mittel
Höhenunterschied:	ca. 600 m
Anfahrt:	Filzmoos-Ramsau-Schladming-Rohrmoos/ Untertal-Riesachfälle
Anfahrtstrecke:	38 km / 45 Min.
Talort:	Schladming (750 m)
Ausgangspunkt:	Parkplatz an den Riesach-Wasserfällen (1080 m)
Einkehrmöglichkeit:	Gasthaus Riesachfall, Gfölleralm am Riesachsee, Kotalm, Preintalerhütte
Besonderes:	Riesach-Wasserfall, 70 m hoch

Tourbeschreibung:

Vor dem Parkplatz nimmt man den Fahrweg Richtung Riesachsee. Vor dem Gasthaus Riesachfall geht man nach links zu den Wasserfällen. Auf Stein-, Holz- und Wurzeltreppen geht es steil nach oben, an den zwei Wasserfällen vorbei zur Brücke über den Wasserfall (wer es bequemer haben will, geht am Parkplatz links den steilen Fahrweg hoch Richtung Riesachsee). Der Bergpfad stößt dann auf den Fahrweg, der zum Riesachsee führt (Beschilderung Preintalerhütte). Zum See geht es hinter der Gfölleralm etwas bergab. Dahinter ist es ein fast ebener Weg bis zur Kotalm. 5 Min. hinter der Kotalm geht man nach links auf den Bergpfad Richtung Preintalerhütte. Teilweise ist es ein steiler, steiniger, aber gut zu gehender Bergpfad.Der Rückweg erfolgt wie der Hinweg. Anstatt den Weg an den Wasserfällen vorbei zu nehmen, kann man den etwas längeren Weg wählen, der hinter dem Riesachsee auf dem steilen Fahrweg weiter nach unten geht.

Gehzeiten im Detail:

Parkplatz – Gfölleralm	¾ Std.
Gfölleralm – Kotalm	¾ Std.
Kotalm – Preintalerhütte	½ Std.
Preintalerhütte – Parkplatz	1 ½ Std.

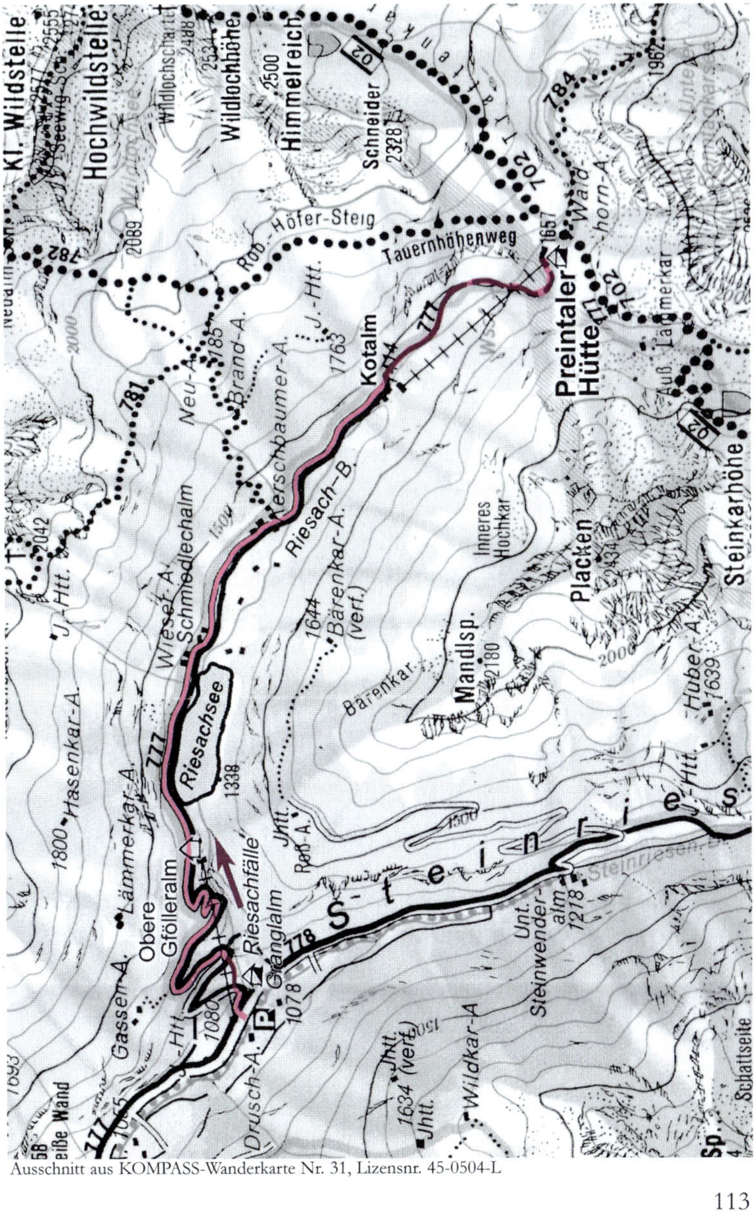

Ausschnitt aus KOMPASS-Wanderkarte Nr. 31, Lizensnr. 45-0504-L

46 Reiteralm – Schober (2133 m)

Gesamtgehzeit:	3 ¼ Std. (4 ¼ Std. mit Schober)
Schwierigkeitsgrad:	mittel, Schober schwer
Höhenunterschied:	500 m (700 m mit Schober)
Talort:	Pichl (799 m)
Ausgangspunkt:	Parkplatz Reiteralm-Hütte (1850 m)
Anfahrt:	Filzmoos-Ramsau-Pichl-Reiteralm-Mautstraße
Anfahrtstrecke:	33 km (davon 13 km Mautstraße) / 1 Std.
Einkehrmöglichkeit:	Reiteralm-Hütte, Gasselhöhe-Hütte

Tourbeschreibung:

Von der Reiteralm-Hütte aus beginnt man eine Drei-Gipfel-Rundwanderung um einen Vier-Seen-Kessel mit herrlicher Aussicht auf Dachsteinsüdwand und Schladminger Tauern. Der Weg 772 führt zur Gasselhöhe (erster Gipfel, 2001 m) und weiter Richtung Rippeteck. Unmittelbar vor der Grube, unter dessen Gipfelaufbau, zweigt links der Steig zu den Gasselseen ab. Es lohnt sich in 10 Minuten das Rippeteck (zweiter Gipfel, 2126 m) zu besteigen (mühsam). Hier ist der weiteste Punkt der Tour und man steigt dann ostwärts zu den Oberen Gasselseen hinab. Hinter dem zuerst erreichten Obersee zweigt nach rechts der sehr steile Steig zum Schober ab. Die Besteigung des Schober (3. Gipfel, 2133 m) erfordert Trittsicherheit und Schwindelfreiheit. Der Steig Nr. 66 führt weiter zum Mittersee. Im Mittersee spiegelt sich die Dachsteinkulisse – ein landschaftlicher Glanzpunkt ersten Ranges im ganzen Alpenraum. Der direkte Weg zur Reiteralm führt dann oberhalb der unteren Seen am Hang entlang und passiert dabei eine Drahtseilpassage. Eine Alternative führt an den unteren Seen vorbei zur Straße, die man dann zur Reiteralm hinaufgehen muss. Achtung: Die Abzweigung hinter dem Untersee ist leicht zu übersehen.

Besondere Hinweise:

Der Weg ist teilweise sehr steinig. Trittsicherheit und Schwindelfreiheit sind für Rippeteck und Schober erforderlich.

Gehzeiten im Detail:

Reiteralm – Gasselhöhe	1 Std.
Gasselhöhe – Rippeteck	1 Std.
Rippeteck – Obere Gasselseen	¼ Std.
Obere Gasselseen – Schober und zurück	1 Std.
Obere Gasselseen – Reiteralm	1 Std.

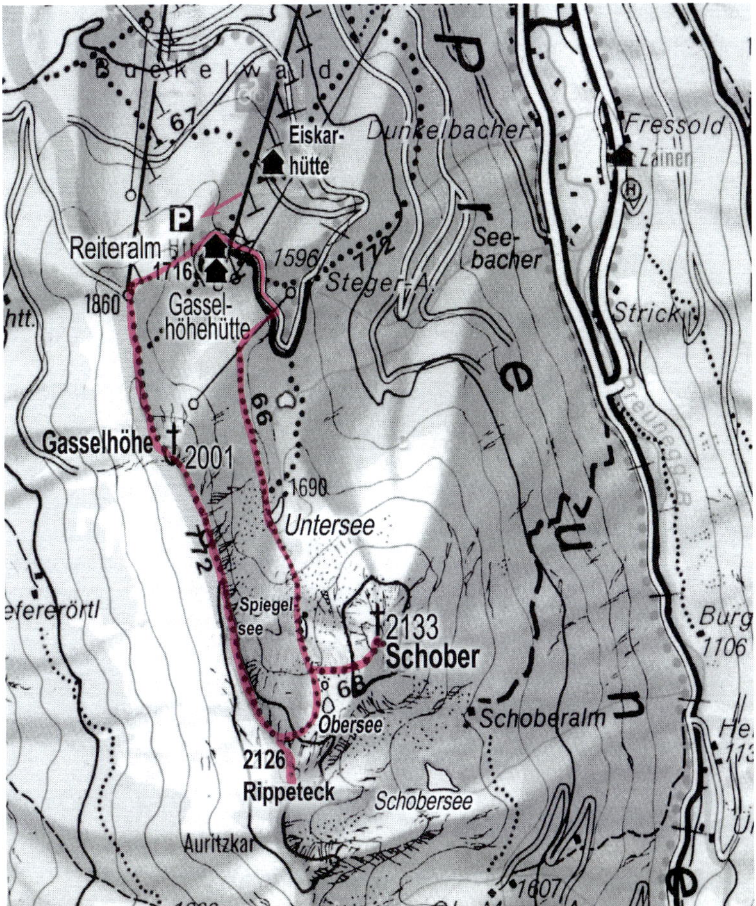

Ausschnitt aus KOMPASS-Wanderkarte Nr. 31, Lizensnr. 45-0504-L

47 Steirische Kalkspitze (2459 m)

Gesamtgehzeit:	4 Std. (Rundtour 5 ½ Std.)
Schwierigkeitsgrad:	schwer
Höhenunterschied:	850 m
Talort:	Pichl (799 m)
Ausgangspunkt:	Parkplatz an der Ursprungalm (1604 m)
Anfahrt:	Filzmoos-Ramsau-Pichl-Ursprungalm-Mautstraße
Anfahrtstrecke:	35 km (davon 8 km Mautstraße) / 1 Std.
Einkehrmöglichkeit:	Ursprungalm, Giglachseehütte, Oberhütte

Tourbeschreibung:

Von der Ursprungalm (1604 m) geht der Weg 771 zuerst ¼ Std. steil, dann mäßig ansteigend zur Giglachseehütte. Man geht den Weg weiter bis zum Znachsattel, und folgt dem Zentralalpenweg 702 nach rechts bis in die Ahkarscharte (2315 m), die beide Kalkspitzen verbindet. Der rechte Weg zur Steirischen Kalkspitze wird im unteren Drittel sehr steil und erfordert Trittsicherheit. Später wird der Weg wieder leichter. Vom Gipfel, der nicht viel Platz zum Rasten bietet, hat man eine herrliche Rundumsicht. Von der Ahkarscharte aus wird der Rückweg auf derselben Route vorgenommen wie der Aufstieg.
Variante: Für ausdauernde und trittsichere Wanderer empfiehlt sich eine sehr reizvolle, aber anstrengende Rundtour, indem man den Weg 702 in westliche Richtung bis zum Oberhüttensee hinabsteigt (Rastmöglichkeit an der Oberhütte). Man geht weiter auf Weg 770, bis ca. 500 m hinter dem See ein Pfad nach rechts zur Ursprungalm abzweigt. Der etwas spärlich markierte Weg zum Brotrinnl, auf dem man ca. 200 Höhenmeter überwinden muss, ist mühsam und steil. Der Abstieg zum Parkplatz an der Ursprungalm ist unschwierig und sehr romantisch.

Besondere Hinweise:

Ausdauer und Trittsicherheit sind auf allenTeilstrecken der Tour wichtig.

Gehzeiten im Detail:

Ursprungalm – Giglachseehütte	1 Std.
Giglachseehütte – Ahkarscharte	1 Std.
Ahkarscharte – Steirische Kalkspitze	½ Std.
Steirische Kalkspitze – Ursprungalm	1 ½ Std.
Steirische Kalkspitze – Oberhüttensee	1 ¼ Std.
Oberhüttensee – Ursprungalm	1 ½ Std.

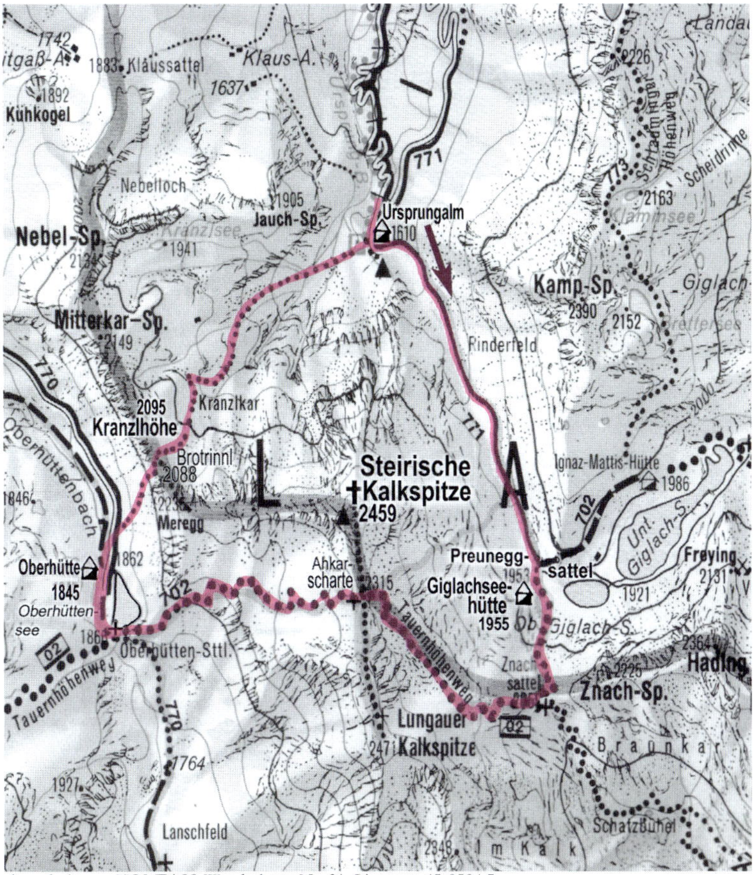

Ausschnitt aus KOMPASS-Wanderkarte Nr. 31, Lizensnr. 45-0504-L

48 Klafferkessel (2311 m)

Gesamtgehzeit:	6 ½ Std.
Schwierigkeitsgrad:	schwer
Höhenunterschied:	ca. 1250 m
Anfahrt:	Filzmoos-Ramsau-Schladming-Rohrmoos/ Untertal-Riesachfälle
Anfahrtstrecke:	38 km / 45 Min.
Talort:	Schladming (750 m)
Ausgangspunkt:	Parkplatz an den Riesach-Wasserfällen (1080 m)
Einkehrmöglichkeit:	Gasthaus Riesachfall, Gfölleralm am Riesachsee, Kotalm, Preintalerhütte
Besonderes:	Riesach-Wasserfall, 70 m hoch

Tourbeschreibung:

Vor dem Parkplatz nimmt man den Fahrweg Richtung Riesachsee. Vor dem Gasthaus Riesachfall geht man nach links zu den Wasserfällen. Auf Stein-, Holz- und Wurzeltreppen geht es steil nach oben, an den zwei Wasserfällen vorbei zur Brücke über den Wasserfall. Der Bergpfad stößt dann auf den Fahrweg, der zum Riesachsee führt (Beschilderung Preintalerhütte). Zum See geht es hinter der Gfölleralm etwas bergab. Dahinter ist es ein fast ebener Weg bis zur Kotalm. 5 Min. hinter der Kotalm geht man nach links auf den Bergpfad Richtung Preintalerhütte. Teilweise ist er steil und steinig, aber gut zu gehen. Hinter der Preintalerhütte verläuft nach rechts, hoch aufsteigend, der Weg 702 Richtung Klafferkessel bis zur Klafferscharte. Er ist gut begehbar, nur die letzten 100 m sind brüchig (Hans-Wödl-Plakette an der Klafferscharte). 100 m hinter der Scharte hat man eine grandiose Aussicht auf Dachstein, Bischofsmütze und ins Steinriesental. Hier im Klafferkessel gibt es ca. 30 Seen, die aus der Eiszeit stammen. Der Obere Klaffersee liegt 2311 m hoch. Seetiefe: Oberer Klaffersee: 31,5 m, Unterer Klaffersee: 33,6 m. Man findet Gletscherspuren und es gibt Schlangen.

Wer weitere Seen besuchen oder weiter nach oben steigen will, muss unbedingt die dadurch zusätzlich erforderliche Zeit berücksichtigen. Vom Oberen Klaffersee geht man auf demselben Weg wieder zurück. Achtung auf den ersten 100 Metern beim Abstieg von der Klafferscharte.

Gehzeiten im Detail:

Parkplatz – Gfölleralm	¾ Std.
Gfölleralm – Kotalm	¾ Std.
Kotalm – Preintalerhütte	½ Std.
Preintalerhütte – Klafferscharte	1 ¼ Std.
Klafferscharte – Oberer Klaffersee	½ Std.
Oberer Klaffersee – Klafferscharte	¼ Std.
Klafferscharte – Preintalerhütte	1 Std.
Preintalerhütte – Parkplatz	1 ½ Std.

Ausschnitt aus KOMPASS-Wanderkarte Nr. 31, Lizensnr. 45-0504-L

49 Höchstein (2543 m)

Gesamtgehzeit:	4 ¾ Std.
Schwierigkeitsgrad:	schwer
Höhenunterschied:	ca. 870 m
Anfahrt:	Ramsau-Schladming-Haus-Talstation Seilbahn
Anfahrtstrecke:	26 km / 30 Min.
Talort:	Haus im Ennstal (772 m)
Ausgangspunkt:	Bergstation Bergbahn Schladminger Tauern (1838 m)
Einkehrmöglichkeit:	nur am Ausgangs- und Zielpunkt: Krummholzhütte
Besonderes:	Bergbahn Schladminger Tauern. Erste Bergfahrt 8.00 Uhr, letzte Talfahrt 16.45 Uhr, Fahrzeit ca. 12 Min. Ausdauer, Trittsicherheit und Schwindelfreiheit sind unbedingt erforderlich; bei Nässe gefährlich

Tourbeschreibung:

Man geht den Weg links am Fernsehturm vorbei Richtung Höchstein (Weg 780). An der Kaiblinggrat-Bergstation verlässt man den breiten Weg und geht nach links auf die Schulter, den Markierungen folgend. Am Abzweig Kaibling-Rundweg geradeaus nach unten zum Roßfeldsattel (1877 m), wo man dem Weg 780 Richtung Höchstein folgt. Der Weg führt 100 m auf den Hang zu, wendet sich dann nach rechts (kein Hinweis) um diesen herum. Erst gehts bergab, dann parallel zum Schlepplift bergauf. Am Ende des Schlepplifts beginnt der Anstieg zum Seeschartl und man folgt dem Weg 780 an der westlichen Hangseite. Über Schutt und Geröll geht es bis in den hinteren Teil des Kars, dann aufwärts zur Kaiblinglochscharte (2213 m) und nach links etwas hinunter, zum Fuß des Höchstein 2180 m. Unten sind Eisenklammern als Hilfen angebracht. Der Anstieg führt steil bergauf über Schuttfelder. Auf dem weiteren Weg helfen Seile und Klammern im Fels. 200 m vor dem Abstieg zur Hans-Wödl-Hütte folgt man dem Pfeil nach oben.

Die letzten 100 m führen über zum Teil rutschige, lose Steine zum Gipfel (keinen Steinschlag verursachen). Weitere Eisenklammern helfen auf den letzten Metern. Der Rückweg erfolgt auf demselben Weg wie der Hinweg. Zum Schluss kann man in der Krummholzhütte einkehren. Dazu am Seeschartl nach links abwärts Richtung Krummholzhütte. An der Abzweigung dann nach rechts.

Gehzeiten im Detail:

Parkplatz – Roßfeldsattel	¾ Std.
Roßfeldsattel – Seeschartl	½ Std.
Seeschartl – Kaiblinglochscharte	½ Std.
Kaiblinglochscharte – Höchstein	1 Std.
Höchstein – Kaiblinglochscharte	¾ Std.
Kaiblinglochscharte – Seeschartl	¼ Std.
Seeschartl – Roßfeldsattel	½ Std.
Roßfeldsattel – Seilbahn	½ Std.

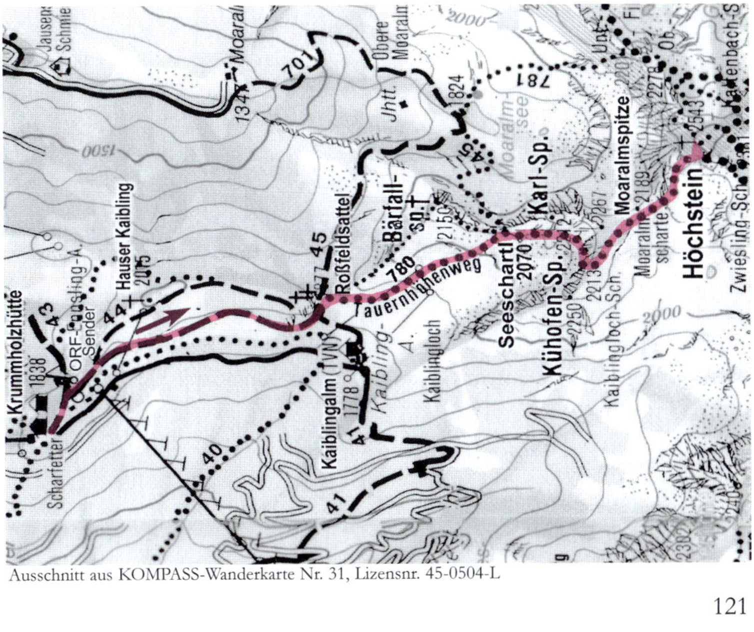

Ausschnitt aus KOMPASS-Wanderkarte Nr. 31, Lizensnr. 45-0504-L

50 Strimskogel (2139 m)

(Der Aussichtsberg ohne Touristenrummel)

Gesamtgehzeit:	3 ½ Std.
Schwierigkeitsgrad:	mittel-schwer
Höhenunterschied:	ca. 800 m
Anfahrt:	Filzmoos-Eben-Altenmarkt-Zauchensee
Anfahrtstrecke:	29 km / 30 Min.
Talort:	Altenmarkt (842 m)
Ausgangspunkt:	Zauchensee, erster Parkplatz am See (1339 m)
Einkehrmöglichkeit:	keine, außer in Zauchensee
Besonderes:	Getränkenachfüllmöglichkeit an „Adis Brünnle“ nach 1 ½ Std. (reines Bergwasser). Genügend Proviant mitnehmen

Tourbeschreibung:

Vom Parkplatz geht man ca. 50 m zurück. Der Weg zum Strimskogel geht dann auf einem Fahrweg rechts hoch. Achtung: Hinter den Hütten, nach ½ Std., geht ein schmaler Pfad nach rechts ab Richtung Strimskogel. Diesem folgt man bis zum Gipfel. An der Abzweigung Tauernkar geht man geradeaus weiter. Jetzt führt der Pfad auf einem kurzen Gratstück entlang, größtenteils durch einen Zaun gesichert (Vorsicht). Dann geht man am Westhang entlang über loses Gestein bis zum Abzweig Eisenhofalm. Dort geradeaus über lose Steinplatten nach oben zum nahen Gipfel (noch 5 Min.). Für dieses Stück ist Trittsicherheit und Schwindelfreiheit erforderlich. Es gibt eine Rundumaussicht (Dachstein, Bischofsmützen, Niedere Tauern, Großglockner).
Der Rückweg erfolgt wie der Aufstieg.

Gehzeiten im Detail:

Parkplatz – Strimskogel	2 Std.
Strimskogel – Parkplatz	1 ½ Std.

Ausschnitt aus KOMPASS-Wanderkarte Nr. 31, Lizensnr. 45-0504-L

51 RUND UM DIE BISCHOFSMÜTZE

2-Tage-Tour

1. Tag:

Gesamtgehzeit:	5 Std.
Schwierigkeitsgrad:	schwer
Höhenunterschied:	ca. 790 m
Anfahrt:	Filzmoos-Hoferalmstraße-Unterhofalm
Anfahrtstrecke:	6 km / 20 Min.
Talort:	Filzmoos (1055 m)
Ausgangspunkt:	Unterhofalm (1265 m)
Besonderes:	Nur für geübte und ausdauernde Bergwanderer
Einkehrmöglichkeit:	Hofpürglhütte, Theodor-Körner-Hütte, Stuhlalm, Gablonzer Hütte

Tourbeschreibung:

Man geht von der Unterhofalm (wie Tour 21,) den Weg 612 zur Hofpürglhütte. Von dort nimmt man den Austriaweg 611/601A nach Westen Richtung Theodor-Körner-Hütte. Oberhalb der Sulzkaralm führt der Weg in leichtem Auf und Ab weiter zur Abzweigung Mahdalm. Dort geht man nach rechts weiter den Weg 611, der bald einige Seilsicherungen hat. Am Jöchl (Stuhljoch, 1601 m) folgt ein kurzer, steiler Abstieg auf angelegten Treppenstufen durch einen Felsriss (Kamin), ca. 100 Höhenmeter. Dann geht es auf gleicher Höhe durch einen romantischen Niederwald und über große Felsbrocken zur Theodor-Körner-Hütte, die zur Rast einlädt. An der Stuhlalm geht der Weg 611 rechts ab Richtung Gablonzer Hütte. In leichtem Auf und Ab folgt man dem Austriaweg weiter. Zwischendurch gibt es einen problemlosen kurzen Anstieg im Fels und auf schmalem Felspfad geht es fast auf gleicher Höhe unterhalb von Steinriesenkogel und Donnerkogel entlang (Schwindelfreiheit, Trittsicherheit). Bei Nässe ist es hier gefährlich glatt. Hinter der Quelle steigt man nach rechts ein Stück hoch, wo der Weg zum Donnerkogel abzweigt. Noch ein Stück leicht hoch und dann über bequeme Stufen hinunter zur Gablonzer Hütte (Übernachtungsmöglichkeit, großes Gasthaus)

Gehzeiten im Detail:

Hofalm – Hofpürglhütte	1 Std.
Hofpürglhütte – Theodor-Körner-Hütte	2 ¼ Std.
Theodor-Körner-Hütte – Gablonzer Hütte	1 ¾ Std.

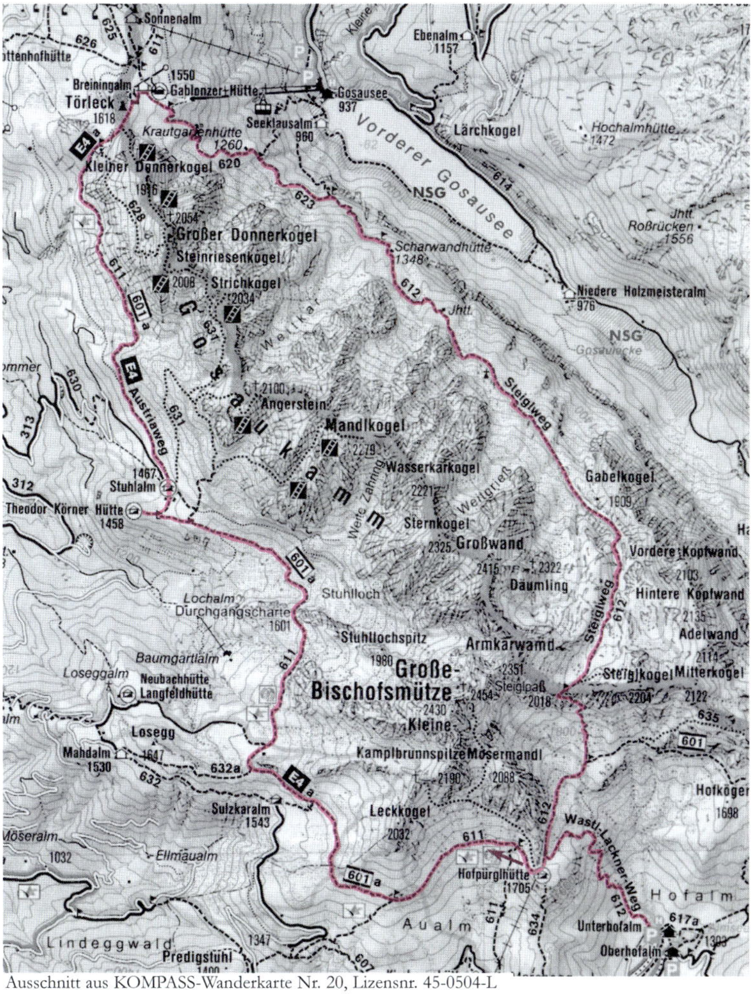

Ausschnitt aus KOMPASS-Wanderkarte Nr. 20, Lizensnr. 45-0504-L

2. Tag:

Gesamtgehzeit:	5 ¼ Std.
Schwierigkeitsgrad:	schwer
Höhenunterschied:	ca. 990 m
Ausgangspunkt:	Gablonzer Hütte (1522 m)
Besonderes:	Nur für geübte und ausdauernde Bergwanderer
Einkehrmöglichkeit:	Gablonzer Hütte, Hofpürglhütte

Tourbeschreibung:

Von der Gablonzer Hütte nimmt man den Weg 620. An der Abzweigung hinter der Krautgartenalm biegt man nach rechts auf den Weg 623, der dann nach Überquerung mehrerer Schuttfelder in den Weg 612, den Steiglweg, übergeht (hier ist der tiefste Punkt der Tour bei 1200 m), der vom Gosausee heraufkommt. Dieser Weg führt Richtung Hofpürglhütte. Es geht stetig bergauf durch den Wald, hinter einer Jagdhütte ein kleines Stück bergab und wieder ansteigend, über das Schuttfeld unter dem Steigkogel zu einer Gedenkstätte. Der Weg führt weiter aufwärts, ab hier auf felsigem Pfad. Es folgt ein kurzer Abstieg in eine Mulde. Danach muss man unter Zuhilfenahme der Hände eine kurze Steilstufe überwinden, danach über große Felsbrocken klettern. Dann kommen zwei weitere Steilstufen und es geht durch das Stiegerl. Ab hier geht es mäßiger steil zum Steiglpaß. Der Abstieg erfolgt auf steilem felsigen Pfad zum Linzer Weg, wo man nach rechts den Weg zur Hofpürglhütte einschlägt. Von dort steigt man den Weg 612 zur Hofalm hinunter.

Gehzeiten im Detail:

Gablonzer Hütte - Abzweig Steiglweg	1 Std.
Abzweig Steiglweg - Steiglpaß	2 ½ Std.
Steiglpaß - Hofpürglhütte	1 Std.
Hofpürglhütte - Unterhofalm	¾ Std.

Foto: Anneke Hagen

Rinderfeld mit Bischofsmütze

Foto: Anneke Hagen

Der Almsee unterhalb der Bischofsmütze

52 GUTTENBERGHAUS-SINABELL-SCHEICHENSPITZE 2-TAGE-TOUR

1. Tag

Gesamtgehzeit::	3 ¼ Std. (mit Sinabell 5 Std.)
Schwierigkeitsgrad:	mittel
Höhenunterschied:	ca. 1060 m (mit Sinabell 1260 m)
Anfahrt:	Filzmoos-Ramsau Ortsanfang – 100 m hinter Ferchtlhof links – Edelbrunn
Anfahrtstrecke:	13 km / 15 Min.
Talort:	Ramsau (1135 m)
Ausgangspunkt:	Gasthaus Edelbrunn (1333 m)
Parkmöglichkeit:	Am Gasthaus Edelbrunn nur wenige Parkplätze
Einkehrmöglichkeit:	Lärchenbodenhütte, Guttenberghaus
Besonderes:	Nur für geübte, ausdauernde.Bergwanderer

Tourbeschreibung:

Vor dem Hotel Edelbrunn geht man rechts durch die Tür, dann geradeaus Richtung Eberlehner. Hinter dem Wald durch das Gatter, nach rechts dem Weg folgend (rot/weiß/gelb). Hinter dem Eberlehnerhof hält man sich links Richtung Ramsau/Kulm und überquert nach dem Bach die Wiesen. Dahinter geht man die Straße 200 m rechts hinunter, dann wieder nach links, rechts am Hof vorbei und geradeaus Richtung Feisterer. Beim Ramsauhof rechts durch die Tür und gleich wieder links, nach 100 m rechts die Straße hinunter, die nächste Straße nach links über die Brücke. 200 m hinter der Pension Sonnwendblick geht der Weg links hoch Richtung Guttenberghaus. Hier beginnt der Aufstieg, erst mäßig steil durch den Wald, dann quert man eine Wiese, geht unter dem Lift hindurch auf einem Pfad bis zum breiteren Weg, der zur Lärchenbodenalm führt (Weg 616), immer parallel zum Bach, der einmal überquert wird. Unterwegs kommt man an einer Quelle vorbei (Kaltes Bründl). Weiter geht der Weg in Serpentinen bis zur Lärchenbodenalm (jodelnder Wirt). Von dort geht es weiter auf dem breiteren Zubringerweg zur Materialseilbahn des Guttenberghauses (1640 m). Von dort führt ein steiler Pfad (Weg 616) bergauf bis zum Guttenberghaus (Beschreibung siehe Buch „Dachstein").

Gehzeiten im Detail:

Gasthaus Edelbrunn – Abzweig Guttenberghaus	1 Std.
Abzweig Guttenberghaus – Lärchenbodenalm	¾ Std.
Lärchenbodenalm – Guttenberghaus	1 ½ Std.

Vom Guttenberghaus zum Sinabell

Vom Guttenberghaus geht man zur Feistererscharte. Dort ein kurzes Stück Richtung Silberkar/Stoderzinken. Kurz darauf beginnt nach rechts aufwärts ein unbezeichneter Pfad, der in Serpentinen auf den Bergrücken führt. Unterwegs dienen Steinmänner als Wegmarkierungen. Vom Gipfel hat man eine herrliche Aussicht auf die Niederen Tauern.

Gehzeiten: hin und zurück 1 ½ Std.
(200 m Höhenunterschied)

2. Tag

Gesamtgehzeit:	6 ½ Std.
Schwierigkeitsgrad:	schwer
Höhenunterschied:	ca. 770 m
Ausgangspunkt:	Guttenberghaus (2146 m)
Einkehrmöglichkeit:	Guttenberghaus, Brandalm, Austriahütte
Besonderes:	Nur für geübte, ausdauernde Bergwanderer

Tourbeschreibung:

Unterhalb des Hauses geht der Weg 618 nach Westen und windet sich am Südhang des Eselstein hin zur Gruberscharte (2361 m). Es werden mehrere Schneefelder durchquert. Dort zweigt nach links der Ramsauer Klettersteig ab (sollte nur von Geübten mit Steigausrüstung begangen werden). Man nimmt deshalb den nach rechts unten verlaufenden Weg Richtung

Edelgrießhöhe. Dieser geht nach einer Linkskurve am Talboden geradeaus, erst leicht, dann steiler ansteigend, zum unbenannten Sattel (2409 m), wo der Normalweg zur Scheichenspitze nach links abzweigt. Dieser verläuft in Serpentinen steil den Nordhang nach oben, zwischendurch muss ein Schutthang überwunden werden. Dadurch ist auch der Normalweg nur etwas für sichere Bergwanderer. Beim Zusammentreffen mit dem Klettersteig am Westgrat können nach einer Linkswendung dessen Seilsicherungen benutzt werden, da dieser Teil des Klettersteigs relativ problemlos zu begehen ist. Die großartige Aussicht von der Scheichenspitze (2664 m) ist etwas Besonderes. Man hat beim Blick auf Ramsau das Gefühl, in einem Flugzeug zu sitzen. Der Rückweg zum Sattel geht wieder über den Schuttabhang (Vorsicht!). Unten geht man wieder den Weg 618 nach links Richtung Edelgrießhöhe. Er führt geradeaus, nur einmal in kurzen Serpentinen, zur Edelgrießhöhe (2505 m). Dort beginnt der sehr steile, im oberen Teil durch Seile gesicherte Steig 673 durch das Edelgrieß Richtung Austriahütte. Das Edelgrieß besteht aus einer Unmenge Schutt und Geröll, das den Abstieg nur für Geübte zulässt. Die Seilsicherungen sind zum Teil defekt, die Seile zerrissen, die Markierungen, sofern überhaupt vorhanden, im Abstieg nur schwer erkennbar (Juli 1997). Wenn der Steig auf den von der Austriascharte kommenden Weg 672 trifft, werden die Verhältnisse besser. Der Weg führt über eine begrünte Anhöhe in 2080 m (links und rechts die Felsen des Ramsauer Klettergartens) zur Austriahütte. Man kann auch den Fahrweg nach Ramsau noch 10 Minuten weitergehen und erreicht dann die Brandalm. Der Rest verläuft auf dem bequemen Fahrweg, dem man immer geradeaus bis zum Parkplatz am Gasthaus Edelbrunn folgt.

Gehzeiten im Detail:

Guttenberghaus – Gruberscharte	¾ Std.
Gruberscharte – Abzweig Scheichenspitze	½ Std.
Abzweig Scheichenspitze – Scheichenspitze	1 Std.

Scheichenspitze – Abzweig Scheichenspitze	¾ Std.
Abzweig Scheichenspitze – Edelgrießhöhe	¾ Std.
Edelgrießhöhe – Brandalm	2 ¼ Std.
Brandalm – Edelbrunn	¾ Std.

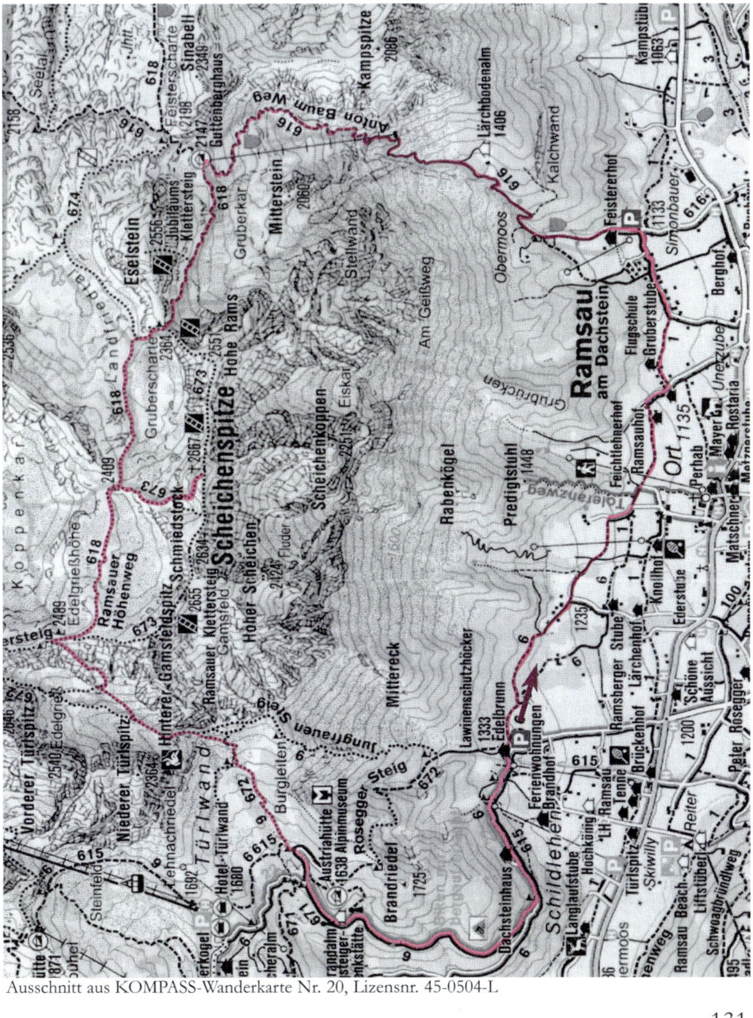

Ausschnitt aus KOMPASS-Wanderkarte Nr. 20, Lizensnr. 45-0504-L

Tourenverzeichnis

Die bei den Touren abgedruckten Wanderkartenausschnitte sind nicht maßstabsgerecht.

Bei einigen Touren kann man für den Hin- oder Rückweg den Filzmooser Wanderbus nehmen (Informationen mit Fahrplan dazu im Fremdenverkehrsbüro (Filzmoos). **Achtung:** Der Bus verkehrt nicht am Samstag.

Abkürzungen

Abkürzungen in der Tourenübersicht:

L	=	Leichte Tour
L-M	=	Zwischen leicht und mittelschwer
M	=	Mittelschwere Tour
M-S	=	Zwischen mittelschwer und schwer
S	=	Schwere Tour
S+	=	Sehr schwere Tour, nur für besonders Geübte
L/M	=	Je nach Strecke kann zwischen leichter und mittelschwerer Tour gewählt werden
L/S	=	Je nach Strecke kann zwischen leichter und schwerer Tour gewählt werden
M/S	=	Je nach Strecke kann zwischen mittelschwerer und schwerer Tour gewählt werden

Wanderkarten

Empfehlenswerte Wanderkarten:

KOMPASS
NR.1 FÜR WANDERKARTEN

KOMPASS-Wanderkarten:

Nr. 20 „Dachstein - Südliches Salzkammergut 1:50.000“
Nr. 031 „Ramsau - Dachstein 1:25.000“
Nr. 31 „Radstadt - Schladming 1:50.000“
Nr. 68 „Ausseerland - Ennstal 1:50.000“

Hüttenverzeichnis

(Stand März 2005)

Adamekhütte, 2196 m, AV, im Sommer bewirtschaftet,
Tel. (0 61 36) 85 67, ÜM

Austriahütte, 1600 m, AV, ganzjährig bewirtschaftet,
Tel. (0 36 87) 8 15 22 und (06 64) 5 41 27 43, ÜM

Bachlalm, 1495 m, privat, ganzjährig bewirtschaftet,
Tel. (0 36 87) 8 14 39 und (06 64) 9 13 03 09, ÜM im Sommer

Brandalm, 1638 m, privat, im Sommer bewirtschaftet,
Tel. (06 64) 1 80 64 60

Brünner Hütte, 1747 m, privat, ganzjährig bewirtschaftet,
Tel. (0 36 86) 26 46 44, mittwochs geschlossen

Dachsteinsüdwandhütte, 1910 m, privat, im Sommer bewirtschaftet
Tel. (0 36 87) 8 15 09, ÜM

Forellenhof, 1149 m, privat, ganzjährig bewirtschaftet,
Tel. (0 36 86) 46 97

Gablonzer Hütte, 1522 m, AV, Tel. (0 61 36) 84 65, ÜM

Gasthaus Gosausee, 933 m, privat, ganzjährig geöffnet,
Tel. (0 61 36) 85 14

Giglachseehütte, 1955 m, privat, im Sommer bewirtschaftet,
Tel. (0 64 54) 4 09 und 3 54

Gsenghof (Gsengalm), Jausenstation, 1100 m, privat, ganzjährig bewirtschaftet, Tel. (0 64 53) 85 23

Guttenberghaus, 2146 m, AV, im Sommer bewirtschaftet,
Tel. (0 36 87) 2 27 53, ÜM

Halseralm, Hans-Wödl-Hütte, 1538 m, Alpengesellschaft Preintaler, im Sommer bewirtschaftet, Tel. (0 36 86) 42 23

Hofpürglhütte, 1705 m, AV, im Sommer bewirtschaftet, Tel. (0 64 53) 83 04, ÜM

Ignaz-Mattis-Hütte, 1986 m, AV, im Sommer bewirtschaftet, Tel. (0 36 87) 6 12 62

Kirchgasshütte (siehe Rettenegghütte)

Kleinbergalm, 1400 m, privat, ganzjährig bewirtschaftet (im Winter Skihütte), Tel. (0 64 53) 83 46 und (06 64) 1 34 05 89

Latschenstüberl-Mandlberggut, privat, ganzjährig bewirtschaftet, Tel. (0 64 54) 76 60 und (06 64) 5 03 66 30

Lodenwalker, Alpengasthof, 960 m, ganzjährig bewirtschaftet, Tel. (0 36 87) 8 10 72

Mahdalm, 1539 m, privat, im Sommer bewirtschaftet, Tel. (0 64 63) 81 46

Moosalm, 1334 m, privat, ganzjährig bewirtschaftet (im Winter Skihütte), Tel. (0 64 53) 84 84 und (0 64 52) 59 22

Oberhofalm, 1268 m, privat, ganzjährig bewirtschaftet, Tel. (0 64 53) 85 94, dienstags geschlossen

Oberhütte, 1845 m, privat, ganzjährig bewirtschaftet

Ochsenalm, 1300 m, privat, im Sommer bewirtschaftet, Tel. (06 64) 1 53 10 55

Radstädter Hütte, 1770 m, privat, ganzjährig bewirtschaftet, Tel. (0 64 52) 64 74

Reiteralmhütte, 1716 m, privat, ganzjährig bewirtschaftet, Tel. (0 64 54) 2 36

Rettenegghütte, 1380 m, privat, im Sommer bewirtschaftet, Tel. (0 64 53) 85 09

Schnitzberg, Jausenstation, 1150 m, privat, ganzjährig bewirtschaftet, Tel. (0 64 53) 86 54

Silberkarhütte, 1250 m, AV, im Sommer bewirtschaftet,
Tel. (06 64) 3 00 98 43, ÜM

Sonnenalm, 1300 m, privat, ganzjährig bewirtschaftet,
Tel. (0 64 54)7 26 14

Steinalm, privat, im Sommer bewirtschaftet,
Tel. (0 64 53) 78 91 und (06 64) 9 76 59 29

Steinerhaus, 1737 m, privat, ganzjährig bewirtschaftet,
Tel. (0 36 85) 2 26 56

Stuhlalm, 1467 m, privat, im Sommer bewirtschaftet,
Tel. (0 64 63) 84 16 und (0 64 63) 84 85, ÜM

Sulzenalm (Wallehenhütte), 1590 m, privat, im Sommer bewirtschaftet, Tel. (0 64 53) 82 89, ÜM

Sulzkaralm, 1543 m, privat, im Sommer bewirtschaftet,
Tel. (0 64 53) 85 16

Theodor-Körner-Hütte, 1466 m, privat, im Sommer bewirtschaftet,
Tel. (0 64 63) 85 34 und (06 64) 9 16 63 03, ÜM

Unterhofalm, 1268 m, privat, ganzjährig bewirtschaftet,
Tel. (06 64) 3 56 67 51, montags geschlossen

Ursprungalm, 1610 m, privat, im Sommer bewirtschaftet,
Tel. (0 36 87) 2 23 02

Weitenhausalm, 1349 m, privat, im Sommer bewirtschaftet,
Tel. (0 64 53) 83 39

AV = Alpenvereinshütte

ÜM = Übernachtungsmöglichkeit vorhanden

Alle Angaben ohne Gewähr

Wichtige Telefonnummern

(Stand März 2005)

Alpinschule Filzmoos, Bergführer Edi Vierthaler, Tel. (0 64 53) 85 92 und (06 64) 2 13 63 78

Aumühle, Jugendherberge, Tel. (0 64 53) 85 90 und 82 46

Erlebnispark Filzmoos (Schwimmbad), Tel. (0 64 53) 2 00 44

Fremdenverkehrsverband Filzmoos, Tel. (0 64 53) 82 35 und 85 00, Fax (0 64 53) 86 85

Gemeindeamt, A-5532 Filzmoos, Tel. (0 64 53) 82 16

Gendarmerie Filzmoos, Tel. 1 33 und (0 64 53) 82 33

Sport Flory, Tel. (0 64 53) 82 82

Sport Ledl, Tel. (0 64 53) 86 22

Sport Stefan, Tel. (0 64 53) 2 00 80

Tankstelle und Autowerkstatt, Tel. (0 64 53) 83 31

Taxi Erlbacher, Tel. (0 64 53) 87 87

Taxi Jäger, Tel. (0 64 53) 82 73

Taxi Vierthaler, Tel. (0 64 53) 83 92

Taxi Wurzer, Tel. (0 64 53) 82 20

Bergrettung, Tel. 1 40, mit Handy: (0 64 53) 1 40

Bahnhof Eben, Tel. (0 64 64) 81 15

Bahnhof Radstadt, Tel. (0 64 58) 8 11 53 85

Bahnhof Bischofshofen, Zugauskunft, Tel. (0 64 62) 3 30 30 33

Bahnhof Schladming, Zugauskunft, Tel. (0 36 87) 22 23 03 85

Dachstein-Südwand-Bahn, Tel. (0 36 87) 8 12 41

Hauser Keibling Seilbahn, Tel. (0 36 86) 3 03 00

Hochwurzenbahn, Tel. (0 36 87) 2 20 42-0

Planaibahn, Tel. (0 36 87) 2 20 42-0

Reiteralm-Seilbahn, Tel. (0 64 54) 73 57

Dachstein-Gletscher-Wetterdienst, Tel. (0 36 87) 8 13 15

Hallenbad Ramsau, Tel. (0 36 87) 8 18 24

Alle Angaben ohne Gewähr

Foto: Horst Weiß

Sänger am Jungfrauensteig

Foto: Horst Weiß

Brandriedel und Dachsteinmassiv

Foto: Anneke Hagen

Enzian

Foto: Anneke Hagen

Linzer Weg mit Bischofsmütze

WANDERLIEDER

1. Wem Gott will rechte Gunst erweisen

Wem Gott will rechte Gunst erweisen,
den schickt Er in die weite Welt;
dem will Er Seine Wunder weisen,
in Berg und Tal und Strom und Feld.

Die Bächlein von den Bergen springen,
die Lerchen schwirren hoch vor Lust;
was sollt ich nicht mit ihnen singen
aus voller Kehl und frischer Brust.

Den lieben Gott lass ich nur walten:
der Bächlein, Lerchen, Wald und Feld
und Erd und Himmel will erhalten,
hat auch mein Sach aufs best' bestellt.

2. Auf, du junger Wandersmann
(Volkslied 19. Jahrhundert)

Auf, du junger Wandersmann!
Jetzo kommt die Zeit heran,
die Wanderzeit, die gibt uns Freud.
Wolln uns auf die Fahrt begeben,
das ist unser schönstes Leben;
große Wasser, Berg und Tal
anzuschauen überall.

An dem schönen Donaufluss
findet man ja seine Lust
und seine Freud auf grüner Heid,
wo die Vöglein lieblich singen
und die Hirschlein fröhlich springen;
dann kommt man vor eine Stadt,
wo man gute Arbeit hat.

Mancher hat auf seiner Reis'
ausgestanden Müh und Schweiß
und Not und Pein, das muss nicht sein;
trägt's Felleisen auf dem Rücken,
trägt es über tausend Brücken,
bis er kommt nach Innsbruck ein,
wo man trinkt Tirolerwein.

Morgens, wenn der Tag angeht,
und die Sonn am Himmel steht
so herrlich rot wie Milch und Blut:
Auf, ihr Brüder, lasst uns reisen,
unserm Herrgott Dank erweisen
für die fröhlich Wanderzeit hier
und in die Ewigkeit.

3. Wenn die bunten Fahnen wehen

Wenn die bunten Fahnen wehen,
geht die Fahrt wohl übers Meer.
Wolln wir ferne Lande sehen,
fällt der Abschied uns nicht schwer.
Leuchtet die Sonne, ziehen die Wolken,
klingen die Lieder weit übers Meer.

Sonnenschein ist unsre Wonne,
wie er lacht am lichten Tag!
Doch es geht auch ohne Sonne,
wenn sie mal nicht scheinen mag.
Blasen die Stürme, brausen die Wellen,
singen wir mit dem Sturm unser Lied.

Hei, die wilden Wandervögel
ziehen wieder durch die Nacht!
Singen ihre alten Lieder,
dass die Welt vom Schlaf erwacht.
Kommt dann der Morgen, sind sie schon weiter,
über die Berge, wer weiß wohin.

Wo die blauen Gipfel ragen,
lockt so mancher steile Pfad.
Immer vorwärts, ohne Zagen,
bald sind wir dem Ziel genaht!
Schneefelder blinken, schimmern von ferne her,
Lande versinken im Wolkenmeer.

4. Von allen blauen Hügeln

Von allen blauen Hügeln
reitet der Tag ins Land,
er reitet mit wehenden Zügeln,
er reitet mit weiter Hand.

Er rückt stolz zu Felde
und schlägt die Nacht entzwei,
er nimmt sie ganz gefangen
und macht die Erde frei.

Er jagt die Nebelschwaden
und macht den Himmel weit,
die Hügel gehören dem Morgen,
die Hügel zu aller Zeit.

Nun stößt seine blitzende Klinge
der Morgen ins Firmament,
entfaltet sein blaues Banner,
darinnen die Sonne brennt.

5. Aus grauer Städte Mauern

Aus grauer Städte Mauern,
ziehn wir durch Wald und Feld,
wer bleibt, der mag versauern,
wir fahren durch die weite Welt.
Halli, hallo, wir fahren, wir fahren in die Welt,
halli, hallo, wir fahren, wir fahren in die Welt.

Der Wald ist unsre Liebe,
der Himmel unser Zelt,
ob heiter oder trübe,
wir fahren in die Welt.
Halli, hallo, wir fahren . . .

Ein Heil dem schönen Walde,
zu dem wir uns gesellt,
Hell klingts durch Berg und Halde,
wir fahren in die Welt.
Halli, hallo, wir fahren . . .

Die Sommervögel ziehen
schon über Wald und Feld.
Da heißt es Abschied nehmen,
wir fahren in die Welt.
Halli, hallo, wir fahren . . .

6. Horch, was kommt von draußen rein

Horch, was kommt von draußen rein?
Hollahi, hollaho!
Wird wohl mein Feinsliebchen sein.
Hollahihaho!
Geht vorbei und schaut nicht rein,
hollahi, hollaho!
Wirds wohl nicht gewesen sein,
hollahihaho!

Leute habens oft gesagt,
hollahi, hollaho!
was ich für ein Liebchen hab.
Hollahihaho!
Lass sie reden, schweig fein still,
hollahi, hollaho!
Kann ja lieben, wen ich will
hollahihaho!

Wenn mein Liebchen Hochzeit hat,
hollahi, hollaho!
ist für mich ein Trauertag.
Hollahihaho!
Geh dann in mein Kämmerlein,
hollahi, hollaho!
trag den Schmerz für mich allein,
hollahihaho!

Wenn ich dann gestorben bin,
hollahi, hollaho!
Trägt man mich zum Friedhof hin.
Hollahihaho!
Setzt mir keinen Leichenstein,
hollahi, hollaho!
Pflanzt mir drauf Vergissnichtmein,
hollahhihaho!

7. Fröhlich Mailied

Jetzt kommt die fröhliche Sommerzeit,
jetzt kommen nun die langen Tage,
jetzt kommet her der Mai, der liebliche Mai,
der bringt uns schöne Blumen.

Und wenn er uns sein Blumen bringt,
so bringt er uns ein schöne Maie.
Ich ging einmal durch einen grünen Wald,
da g'sag ich mir ein schöne Maie.

Und wie ich ihn gesehen hab,
ja gar wollt er mir gefalle.
Ach hätte ich ein Schwert,
ich haue ihn zur Erd,
Feinsliebchen tät ich nur ihn tragen.

8. Rosastock, Holderblüh

Rosastock, Holderblüh,
wenn i mei Dirndel sieh,
lacht mir vor lauter Freud
s' Herzel im Leib. La, la, la, la . . .

Gsichterl wia Milch und Bluat,
's Dirnderl is gar so guat.
Om und om dockerlnett,
wenn i's no hätt. La, la, la, la . . .

Armerl so kugerlrond,
Lippa so frisch und gsond,
Füßerl so hurtig gschwind,
tanzt wie der Wind. La, la, la, la . . .

Wenn i ins dunkelblau,
funkelhell Augerl schau,
mein i, i schau in mei
Himmelreich nei. La, la, la, la . . .

9. Und in dem Schneegebirge

Und in dem Schneegebirge,
da fließt ein Brünnlein kalt,
| |: und wer des Brünnleins trinket :| |
der jungt und wird nicht alt.

Ich hab daraus getrunken
gar manchen frischen Trunk,
| |: ich bin nicht alt geworden :| |
ich bin noch allzeit jung.

Ade, mein Schatz, ich scheide,
ade, mein Schätzelein!
| |: „Wann kommst du aber wieder :| |
Herzallerliebster mein?“

Wenns schneiet rote Rosen
und regnet kühlen Wein.
| |: Ade, mein Schatz, ich scheide :| |
ade, mein Schätzelein.

Es schneit ja keine Rosen
und regnet keinen Wein,
| |: so kommst du auch nicht wieder :| |
Herzallerliebster mein.

10. In die Berg bin i gern

In die Berg bin i gern
und da g'freut sich mein G'müat,
wo die Almröslan wachsn
und der Enzian blüaht.

Und der Schnee geht bald weg,
und es werd wieder schön,
und da wer' i bald wieder
auf die Alm aufe gehn.

Muaßt ma nix für Übel habn,
wann i lei Bundschuh tua tragn,
is lei a staniger Weg
und a sandiger Grabn.

11. Unta da Lindn

Unta da Lindn bin is gseßn,
unta da Lindn sitz is gern,
da kann ma, wanns schön windstill is,
mei Herzklopfn hearn.

Von der Seitn, von der Leitn
kimt mei Büable daher,
trägt das Hüatle auf der Seitn
und schaut kloan verzwickt her.

Hiazt möcht i halt wissn,
sollt i bleibm, sollt i geahn,
das Büable is so liab und
die Welt is so schean.

12. Was kümmern mi die Sternlan

Was kümmern mi die Sternlan,
was kümmert mi der Mond;
mi kümmert lei das Häusle,
wo mei Diandle drin wohnt.

Was nutzt mir mei Haus und Hof,
was nutzt mir mei Geld,
was nutzt mir die scheanste Dirn,
wann die wahre Liab fehlt.

Mei Herz war so ruhig,
mei Gmüat war so rein,
hätt i di nia gsegn,
könnts no allweil so sein.

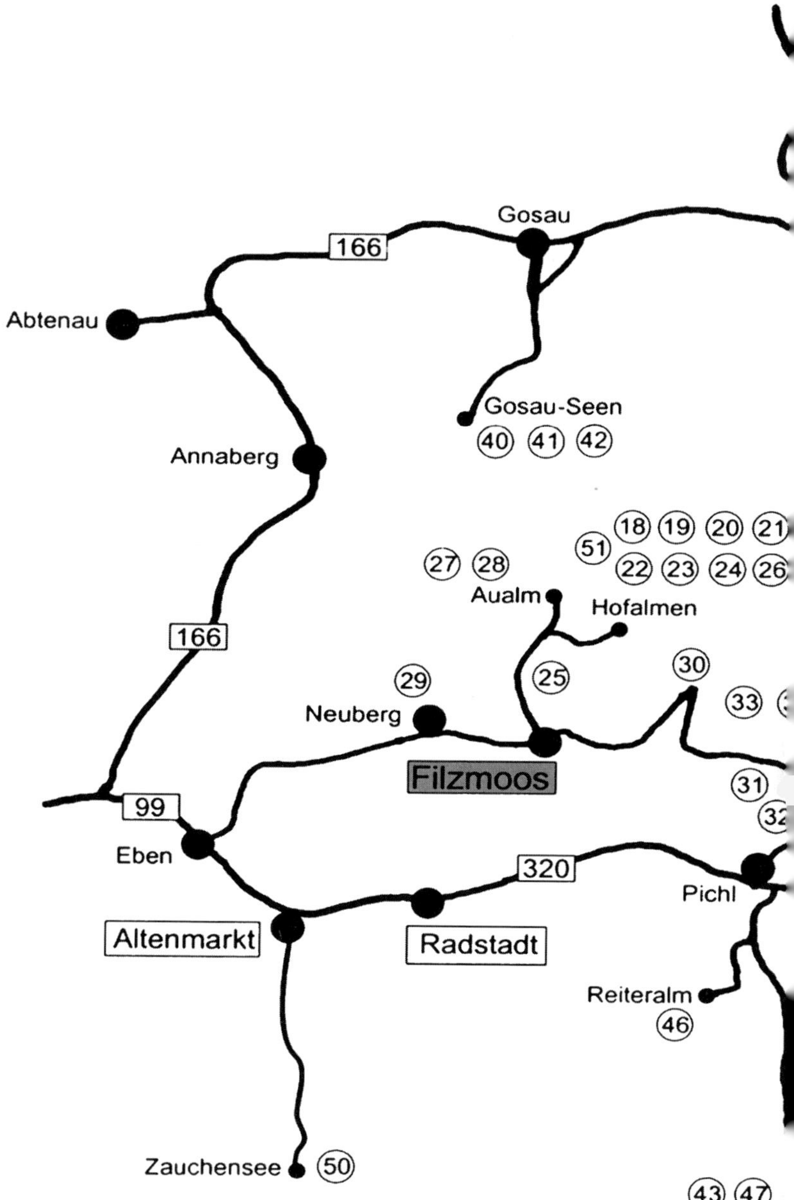
Gosau
166
Abtenau
Gosau-Seen
40 41 42
Annaberg
18 19 20 21
51
22 23 24 26
27 28
Aualm
Hofalmen
166
29
25
30
33
Neuberg
Filzmoos
31
99
32
Eben
320
Pichl
Altenmarkt
Radstadt
Reiteralm
46
Zauchensee
50
43 47

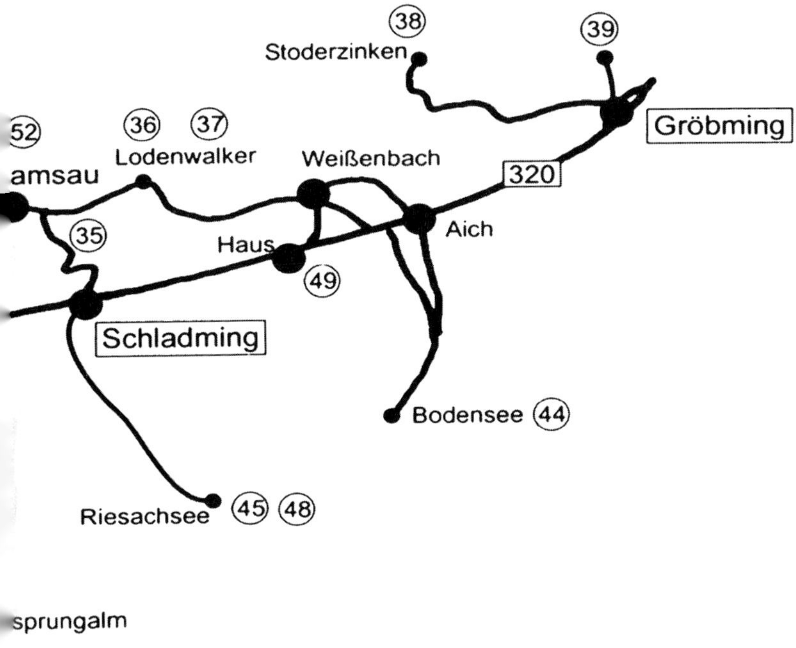
38
Stoderzinken
39
Gröbming
52
36
37
Lodenwalker
amsau
Weißenbach
320
35
Haus
Aich
49
Schladming
Bodensee
44
Riesachsee
45
48
sprungalm

Stempel und Notizen